おいしい馬券がいっぱい!

武豊の取扱説明書

前川正光
『激走!データ競馬ブログ』主宰

アールズ出版

はじめに

武豊は稀代の天才騎手だ。

30年近くにわたって、日本の競馬界を牽引し、通算勝利数3594、GⅠ100勝、重賞287勝などを達成。これらは今後けっして破られることのない前人未到の記録だろう。

その武豊が2010年に落馬負傷してからは成績が低迷。年間200以上の勝利数が60勝ほどにまで落ち込んだ。不調の原因として、「社台グループとの関係悪化？」「アドマイヤなど大馬主との軋轢？」「騎手エージェント制により、良い馬が回ってこない？」「体力・技術が落ちた？」…とさまざまな憶測をよび、「武豊は終わった」、そう感じた人も多かっただろう。

しかし、2013年は日本競馬界での圧倒的な存在感を見せつける1年となった。年間100勝には届かないものの、97勝を達成。日本ダービーをキズナで勝利した時の「ユタカ」コールの盛り上がり方はすさまじく、また、凱旋門賞では外国人騎手・スミヨンが乗るオルフェーヴルより、武豊のキズナを応援した競馬ファンも多いだろう。さらに、マイルCS（GⅠ）をトーセンラーで勝利。数年にわたる低迷から脱け出し、見事、**復活劇**を果たした。ただし、武豊がスゴイのは、そのような華やかなステージでの活躍だけではない。

2013年7月13日に行われた函館8R（3歳上500万下）。武豊騎乗のヘリオスフィアは**7番人気**という低評価にもかかわらず、堂々と勝利を収めた。ヘリオスフィアの単勝配当は**2030円**。三連単にいたっては、1、3番人気という人気サイドとの組合せにもかかわらず、**32470円**を付けた。

このような高額配当は、一昔前の武豊では考えられなかったことだろう。詳細は本編に譲るが、その他のレースでも穴馬を持ってくることが多くなっている。

近年の成績不振により、一般には「終わった感」が浸透した武豊。全盛期には、武豊ブランドのため、騎乗馬の能力に見合うことなく、過剰人気となるのが常だったが、昨今はそれほどでもない。

しかし、騎乗テクニックやレース戦略はリーディング上位に顔を並べる有力騎手たちと比較してもなんら遜色はない。むしろ、社台の良質馬に頼らず、年間100勝近くを達成しているのだから、その腕はリーディング騎手たちをしのぐといっても過言ではないだろう。**武豊は天才に変わりないのだ。**

ならば、である。天才が**人気にならない**今こそ、**絶好の買い時**である。騎乗技術は群を抜いていて、他の騎手よりも格段に高い確率で馬券となる。しかも配当はけっして低くない。こんなに**オイシイ馬券**が目の前に転がっているのである。

ただし、やみくもに買っても勝てないのが競馬だ。

当然ながら、他の騎手と同じく、武豊の騎乗馬をすべて買っても儲かることはない。ある一定の条件の元で買うことが大切なのだ。

つまり、どのような時が**買い**で、どのような時が**消し**なのか？それが重要だ。

本書では、膨大なデータに基づいて、武豊の**「買い時」「消し時」**をズバリ！指摘する。**距離**や**脚質**、**馬場状態**、さらには**競馬場**、**レース条件**、**厩舎**、**馬主**、**種牡馬**、他の騎手からの**乗替わり**など、さまざまな角度から、武豊の**勝負サイン**をいとも簡単に見破るコツを紹介するので、是非とも週末からの馬券検討の参考にしてほしい。

そうはいっても、「武豊は儲からない」とタカをくくっている読者の方も多いと思うが、本書を読めば、そのような思い込みはことごとく砕かれるに違いない。

前川　正光

おいしい馬券がいっぱい!

武豊の取扱説明書

目次

はじめに　5

PART1

武豊の「買いのサイン」を見破れ!

①「儲からない＝武豊」はもう古い！　14
②人気で分かる狙い時、消し時　17
③やはり名手は長距離が得意か？　20
④逃げのユタカ、差しのユタカ…どちらを狙うか？　23
⑤意外や意外…武豊は「重の鬼」だった！　25
⑥季節によって分かる勝負のバイオリズム　28
⑦WIN5をゲットするには、こう狙え！　30

PART2

「競馬場」で分かる武豊の買い時・消し時

⑧京都――「買い」「消し」がはっきりと分かるレースとは？　34
⑨阪神――必ず買わなければいけないレースとは？　38
⑩東京――ダービー5勝のイメージにだまされるな！　42

⑪中山――オグリコールは遠い過去の話？　46
⑫小倉――めっぽう得意ゆえの過剰人気に注意！　50
⑬中京――コース＆距離に最善の注意を払え！　54
⑭福島――連対を外さない条件あり！　57
⑮新潟――長い直線が凶と出るか？ 吉と出るか？　60
⑯札幌――芝2千の激走に注目！　63
⑰函館――ベタ買いすると、どうなるか？　67

PART3

「厩舎」で分かる 武豊の買い時・消し時

⑱池江泰寿――同級生コンビの隠された秘密とは？　72
⑲橋口弘次郎――狙い所はピンポイントにあり！　75
⑳角居勝彦――世界のスミイも消しでOK！　78
㉑五十嵐忠男――こんな条件は、すべて買い！　79
㉒石坂正――何がなんでも馬齢に注目！　80
㉓小島太――数少ないなじみの関東厩舎　81
㉔河内洋――兄弟子のために結果を残すか？　82
㉕松永昌博――この狙い撃ちで、コンスタントに回収！　83
㉖荒川義之――たとえ狙い所が難しくても…　84
㉗長浜博之――意外なことにベタ買いでもプラス！　85
㉘小崎憲――スマートファルコン以外の成績は？　86
㉙橋田満――たとえアドマイヤの騎乗はなくても…　87
㉚須貝尚介――売り出し中の厩舎との相性は？　88

●番外編── 藤原英昭、安田隆行、矢作芳人、藤沢和雄　89

PART4

「種牡馬」で分かる
武豊の買い時・消し時

㉛ディープインパクト── ユタカで産駒が飛翔する時　92
㉜スペシャルウィーク── 産駒に過剰の期待は禁物！　95
㉝サムライハート── この種牡馬をなめてはいけない！　96
㉞その他サンデー系種牡馬
──ステイゴールド、ゴールドアリュール、フジキセキとの相性は？　97
㉟キングカメハメハ── 第2のローズキングダムはまだか？　98
㊱シンボリクリスエス── 重賞では消して良し！　100
㊲その他非サンデー系種牡馬
── クロフネ、ジャングルポケット、ケイムホームとの相性は？　101
●番外編── ゼンノロブロイ、ダイワメジャー、ネオユニヴァース、ハーツクライ、マンハッタンカフェ　102

PART5

「乗替わり」で分かる
武豊の買い時・消し時

㊳藤岡佑介（→武豊）絶大の効果を発揮する時とは？　106
㊴内田博幸（→武豊）第2のトウケイヘイローを探せ！　109
㊵小牧太（→武豊）橋口厩舎の常套手段の効果は？　110

㊶松岡正海(→武豊)「買い」「消し」の特徴がはっきり！　111
㊷四位洋文(→武豊)回収率抜群！単勝で勝負だ　112
㊸幸英明(→武豊)前走の成績欄に注目せよ！　113
㊹浜中俊(→武豊)このコースと条件に注目せよ！　114
㊺岩田康誠(→武豊)意外や意外！狙える条件とは？　115
㊻福永祐一(→武豊)大物二世同士のバトンタッチはいかに？　116
㊼川田将雅(→武豊)アタマでいくか？連軸でいくか？　117
㊽柴田善臣、吉田隼人(→武豊)狙いはこの条件に定めよ！　118
㊾中舘英二(→武豊)ローカルからの昇級馬の結果はいかに？　119
㊿田中勝春(→武豊)この乗替わりを見かけようものなら…　120
51 太宰啓介(→武豊)この地味なパターンこそ妙味あり！　121
52 横山典弘(→武豊)つねに人気となるバトンタッチだが…　122
53 藤田伸二(→武豊)番長からの乗替わりの実態は？　123
54 蛯名正義(→武豊)同期の乗替わりは穴で狙え！　124
55 北村友一、三浦皇成、和田竜二(→武豊)
人気でわかる「買い」「消し」の条件　125
56 武幸四郎⇄武豊――兄弟間の乗替わりの実態は？　126
57 乗替わりなし――騎乗馬のキャリアに注目せよ！　129
58 浜中、藤岡佑、四位
――武豊からの乗替わり…買えるパターン、消せるパターン その1　131
59 岩田、福永、内田
――武豊からの乗替わり…買えるパターン、消せるパターン その2　133
60 Mデムーロ、ルメール他
――武豊から外国人騎手への乗替わりは？　135

PART6

「馬主」で分かる 武豊の買い時・消し時

61 松本好雄――「メイショウ」はピンポイトで攻めよ！　138
62 キャロットファーム――社台生産馬を攻めるならここ！　141
63 金子真人HD――ディープの馬主も近年は…　142
64 大川徹――「スマート」は消して妙味あり！　143
65 栄進堂――「エイシン」は明らかな勝負サインあり！　144
66 市川義美――「ピサ」の軸馬としての信頼度は？　145
67 H.H.シェイク・モハメド――狙いを絞るなら、この馬！　146
68 社台RH、サンデーR――やはり消しでOK‼　147
69 渡辺孝男――「アグネス」ワールドほどの人気がなくても…　148
70 松岡隆雄――「サンライズ」は乗替わりの欄に注目！　149
71 ノースヒルズM――キズナの馬主は買いか？ 消しか？　150
72 永井啓弍――「スズカ」の馬は生産牧場に注目！　153
●番外編――サラブレッドクラブ・ラフィアン、島川隆哉　154

PART7

武豊で「おいしい馬券の山」を築く法

73 GⅠレース、「買い」「消し」のサインはこれだ！　156
74 GⅡレース、「買い」「消し」のサインはこれだ！　161
75 GⅢレース、「買い」「消し」のサインはこれだ！　164

⑯【ケーススタディ①】第61回京都新聞杯（GⅡ）
――このレース、武豊は買いか？ 消しか？　168
⑰【ケーススタディ②】第48回京都牝馬S（GⅢ）
――このレース、武豊は買いか？ 消しか？　171
⑱【ケーススタディ③】三年坂特別（1000万下）
――このレース、武豊は買いか？ 消しか？　174
⑲【ケーススタディ④】3歳未勝利
――このレース、武豊は買いか？ 消しか？　177
⑳【ケーススタディ⑤】3歳上500万下
――このレース、武豊は買いか？ 消しか？　180

あとがき　184

【巻末附録】
ズバリ‼ 武豊の勝負サインがひと目でわかる
スピード判定チャート　186

□カヴァー立体イラストレーション／野崎一人
□カヴァーデザイン／中山デザイン事務所
□組版／字打屋
□出馬表／日刊競馬

PART 1
武豊の
「買いのサイン」を見破れ！

◎

①「儲からない＝武豊」はもう古い！

③やはり名手は長距離が得意か？

⑤意外や意外…武豊は「重の鬼」だった！

⑥季節によって分かる勝負のバイオリズム

⑦WIN5をゲットするには、こう狙え！

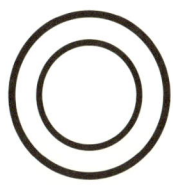

①「儲からない＝武豊」はもう古い！

武豊といえば「儲からない騎手」というイメージを持つベテランの馬券ファンもいるだろう。これまでディープインパクトをはじめ、圧倒的な実力を持つ馬に乗ることが多く、その人気に応えて勝ちまくったが、いかんせん配当が低かった。

騎手として他の追随を許さないくらいの確かな腕を持ち、勝利ジョッキーインタビューでは落ち着いて、ソツがない。非常に好感が持てる人物であることも要因となり、騎乗馬の実力以上に人気となるのが武豊の定めだ。たとえ騎乗馬が勝ったとしても、とてもその馬の実力に見合わない低配当の馬券となり、結果、トータルでの回収率が落ちてしまうのだ。次のページに掲載するのは、武豊の年度別の**「全成績」と「単勝回収値」「複勝回収値」**である。

このデータを見ても分かるとおり、単勝、複勝の回収値はデビューから100を超えたことは一度もない。もっとも優秀な単勝回収値でさえ81（1988年）、複勝回収値は84（1993年）で、これはデビュー2年目、7年目のものというのだから、かれこれもう20年以上も前の話である。

こう書くと、もう「武豊は買えない」と考える人もいるだろう。しかし、これはあくまで、デビューからの27年を振り返ったトータルでの話だ。2010年から2012年にかけて年間60勝ほどに成績が落ち込んだのをきっかけに、以前ほど過剰人気をすることはない。

実際、**コアレスドラード**という騎乗馬は2013年10月20日、1000万下のレースで**8番人気（14.2倍）**の低評価を覆して勝利。さらに、11月16日の1600万下では**6番人気（12.3倍）**で連勝。このような配当は、以前の武豊だったら考えられないだろう。

武豊 年度別成績

	1-2-3-4着以下数/戦	勝率	連対率	複勝率	回収値	
					単勝	複勝
1987年	69-63-57-365/554	12.5%	23.8%	34.1%	71	71
1988年	113-92-68-396/669	16.9%	30.6%	40.8%	81	77
1989年	133-114-80-399/726	18.3%	34.0%	45.0%	71	75
1990年	116-118-75-414/723	16.0%	32.4%	42.7%	62	69
1991年	96-91-94-361/642	15.0%	29.1%	43.8%	56	76
1992年	130-79-55-342/606	21.5%	34.5%	43.6%	71	75
1993年	137-137-84-341/699	19.6%	39.2%	51.2%	79	84
1994年	134-92-74-282/582	23.0%	38.8%	51.5%	76	80
1995年	134-104-75-380/693	19.3%	34.3%	45.2%	69	75
1996年	159-98-94-404/755	21.1%	34.0%	46.5%	68	75
1997年	168-100-88-366/722	23.3%	37.1%	49.3%	74	79
1998年	169-105-83-392/749	22.6%	36.6%	47.7%	74	77
1999年	178-142-96-393/809	22.0%	39.6%	51.4%	67	75
2000年	130-70-76-276/552	23.6%	36.2%	50.0%	75	75
2001年	65-47-54-189/355	18.3%	31.5%	46.8%	67	78
2002年	133-66-57-201/457	29.1%	43.5%	56.0%	74	78
2003年	204-128-90-444/866	23.6%	38.3%	48.7%	68	73
2004年	211-128-101-472/912	23.1%	37.2%	48.2%	74	72
2005年	212-128-112-403/855	24.8%	39.8%	52.9%	66	76
2006年	178-118-111-383/790	22.5%	37.5%	51.5%	66	76
2007年	156-109-78-370/713	21.9%	37.2%	48.1%	67	74
2008年	143-89-65-356/653	21.9%	35.5%	45.5%	70	73
2009年	140-106-91-431/768	18.2%	32.0%	43.9%	73	77
2010年	69-47-39-258/413	16.7%	28.1%	37.5%	72	67
2011年	64-70-66-435/635	10.1%	21.1%	31.5%	50	74
2012年	56-61-44-430/591	9.5%	19.8%	27.2%	58	66
2013年	97-62-58-432/649	14.9%	24.5%	33.4%	75	74
計	3594-2564-2065-9915/18138	19.8%	34.0%	45.3%	69	75

※右端欄にある「回収値」とは?

●単勝「回収値」……それぞれの条件に該当するように、武豊の騎乗馬の「単勝馬券」を、すべて100円で購入した場合、「1レースあたり平均して何円回収できるか?」を指す。当然、その騎乗馬が2着以下の場合は回収値は「0」となる。一方、例えば1着で単勝配当が300円の場合は「300」となる。

●複勝「回収値」……それぞれの条件に該当するように、武豊の騎乗馬の「複勝馬券」を、すべて100円で購入した場合、「1レースあたり平均して何円回収できるか?」を指す。当然、その騎乗馬が4着以下の場合は回収値は「0」となる。一方、例えば1着、もしくは2、3着で複勝配当が150円の場合は「150」となる。

さらに言うと、武豊を買える条件はたくさんある。
たとえば、

●函館競馬場での成績
⇒勝率24.1% 複勝率51.0% 単勝回収値110 複勝回収値82

●京都芝3200mの成績
⇒勝率30.0% 複勝率75.0% 単勝回収値90 複勝回収値141

●逃げ馬の成績
⇒勝率37.4% 複勝率65.1% 単勝回収値125 複勝回収値103

●石坂厩舎での成績
⇒勝率20.8% 複勝率33.3% 単勝回収値125 複勝回収値67

●藤岡佑騎手から乗替わり
⇒勝率33.3% 複勝率46.7% 単勝回収値184 複勝回収値89

それぞれのデータの詳細は、後ほどふれるが、ちょっと掘り下げて分析するだけで、**儲からない騎手**から、**儲かる騎手**へと劇的に変化する。もともと、馬券になる確率は他の騎手より数段高いので、単勝や複勝はもちろん、3連単など他の馬券に組み入れれば確実に的中率はアップする。加えて、回収率が高い（配当が低くない）のであれば、これほど馬券購入者に優しい騎手はいないだろう。

武豊馬券の鉄則①

◎以前ほどの過剰人気はない！

◎儲かる条件がいっぱい！ 徹底して見極めろ！

②人気で分かる狙い時、消し時

ここでは武豊の人気別の成績を見ていこう。次ページに掲載したのは、デビューからの「単勝人気別の全成績」と「単勝」「複勝」の回収値だ。なお、本書に掲載するデータは、とくに断りのないかぎり、2013年の開催終了時点のものとする。

まずは、1番人気に注目してほしい。**勝率35.6%、連対率54.1%、複勝率67.0%**となっている。これは非常に良い成績だ。

なぜかと言うと、過去5年間（2009～2013年）にJRAで行われた全てのレース（約1万7千レース）の統計をとると、1番人気の平均値は、勝率31.6%、連対率51.0%、複勝率63.6%。つまり、武豊が騎乗した場合、**この平均値よりも馬券に絡む確率がアップする**からだ。これまでの実績や知名度から「武豊→過剰人気→馬の力より人気が先行→通常よりも信頼度ダウン」といった構図になりそうだが、そのようなことはないと、このデータは物語っているのだ。

2番人気を見ても、**勝率21.0%**（平均19.1%）、**連対率38.5%**（平均37.0%）、**複勝率52.0%**（平均51.0%）なので平均値よりも高い。

単勝オッズ別のデータを見ると、1倍台前半で85.9%の複勝率だが、**ここ5年の成績ではさらに高確率**で、「1着-2着-3着-4着以下」の成績（着別度数）は**「25-8-3-4」**。勝率は**62.5%**、複勝率は**90.0%**にもなっている。着外はなんと4回しかないのだ。つまり、人気サイドの武豊は、素直に信頼して良いことになる。ただし、条件によっては信頼してはいけない人気馬もいるが、これについては、後ほど、様々な角度から詳細に分析していく。

次に、穴馬の方に目を向けてみよう。勝ち馬の最低人気は11番人気。**12番人気以下では勝利がなく、**連対率は2%程度、複勝率5

単勝人気別成績

	1-2-3-4 着以下数 / 戦	勝率	連対率	複勝率	回収値	
					単勝	複勝
1 番人気	2167-1125-784-2011/6087	35.6%	54.1%	67.0%	71	81
2 番人気	785-652-505-1795/3737	21.0%	38.5%	52.0%	81	78
3 番人気	307-354-331-1535/2527	12.1%	26.2%	39.3%	67	73
4 番人気	159-190-195-1199/1743	9.1%	20.0%	31.2%	70	73
5 番人気	74-106-95-995/1270	5.8%	14.2%	21.7%	59	62
6 番人気	51-60-63-694/868	5.9%	12.8%	20.0%	75	69
7 番人気	32-34-40-576/682	4.7%	9.7%	15.5%	74	66
8 番人気	6-18-24-413/461	1.3%	5.2%	10.4%	24	55
9 番人気	4-13-8-271/296	1.4%	5.7%	8.4%	27	54
10 番人気	6-10-10-180/206	2.9%	7.8%	12.6%	72	105
11 番人気	3-0-5-118/126	2.4%	2.4%	6.3%	59	49
12 番人気	0-1-3-60/64	0.0%	1.6%	6.3%	0	59
13 番人気	0-1-1-38/40	0.0%	2.5%	5.0%	0	57
14 番人気	0-0-0-19/19	0.0%	0.0%	0.0%	0	0
15 番人気	0-0-1-8/9	0.0%	0.0%	11.1%	0	137
16 番人気	0-0-0-3/3	0.0%	0.0%	0.0%	0	0
17 番人気	0-0-0-0/0	0.0%	0.0%	0.0%	0	0
18 番人気	0-0-0-0/0	0.0%	0.0%	0.0%	0	0

単勝オッズ別成績

	1-2-3-4 着以下数 / 戦	勝率	連対率	複勝率	回収値	
					単勝	複勝
1.0 ～ 1.4	429-135-70-104/738	58.1%	76.4%	85.9%	74	90
1.5 ～ 1.9	784-345-239-413/1781	44.0%	63.4%	76.8%	74	85
2.0 ～ 2.9	887-634-405-1091/3017	29.4%	50.4%	63.8%	71	80
3.0 ～ 3.9	527-391-324-1067/2309	22.8%	39.8%	53.8%	78	78
4.0 ～ 4.9	332-306-237-998/1873	17.7%	34.1%	46.7%	78	77
5.0 ～ 6.9	326-297-333-1525/2481	13.1%	25.1%	38.5%	75	73
7.0 ～ 9.9	160-233-229-1490/2112	7.6%	18.6%	29.5%	62	72
10.0 ～ 14.9	101-142-114-1285/1642	6.2%	14.8%	21.7%	74	68
15.0 ～ 19.9	25-40-57-691/813	3.1%	8.0%	15.0%	51	63
20.0 ～ 29.9	20-28-32-659/739	2.7%	6.5%	10.8%	62	60
30.0 ～ 49.9	3-9-19-412/443	0.7%	2.7%	7.0%	21	53
50.0 ～ 99.9	0-4-6-153/163	0.0%	2.5%	6.1%	0	74
100.0 ～	0-0-0-27/27	0.0%	0.0%	0.0%	0	0

集計期間：1987 年 3 月～ 2013 年終了時点。以下、断りのないデータは同様

%ほどしかない。単勝オッズに注目すれば、**50倍以上では1着がなく、**馬券に絡んだのはデビューから2013年まででわずか10回である。穴馬をよく持ってくる騎手ではないことは確かだ。近年の重賞では、2011年阪神カップのフラガラッハ（13番人気57.4倍・3着）ぐらいか。

ここで、近年の武豊騎手の成績から、単勝10番人気以下でまったく馬券になっていない「消去データ」をいくつか紹介しておこう。

●2歳馬（0-0-0-21）

●キャリア2戦以内の馬（0-0-0-34）

●7歳以上（0-0-0-18）

●関東圏に遠征した関西馬に騎乗（0-0-0-25）

●関西圏に遠征した関東馬に騎乗（0-0-0-15）

※全て2010年以降の成績。（　）は左から順に「1着数」「2着数」「3着数」「4着以下数」を表す

まず、**2歳戦**や**キャリア2戦以内の馬（3歳含む）**で**10番人気以下**なら消去できる。また、**7歳以上の馬**に騎乗したときもいらない。

あとは**遠征馬**。特に重賞で多く見かけるが、遠征してきた馬に騎乗し、**10番人気以下**なら消しでOKだ。

2013年の重賞では、ラブイズブーシェ（有馬記念）、テイエムイナズマ（皐月賞）、ヤマニンキングリー（フェブラリーS）がこれに該当するので、以上の消しの条件は必ず押さえてほしい。

武豊馬券の鉄則②

◎1・2番人気は信頼でOK!

◎特に単勝1倍台前半は絶対の信頼!

×10番人気以下や単勝オッズ50倍以上は割引け!

③やはり名手は長距離が得意か？

次は、武豊の距離別成績を見てみよう。次ページのデータは、芝・ダート全てのコースの成績をまとめ、距離別で見た勝率、連対率、複勝率と単複回収値だ。

「短距離」「中距離」「長距離」と大きく分けて、武豊はどれが一番得意か？ と聞かれれば、やはり長距離だろう。短距離・中距離では、勝率20％ほど、複勝率45％ほどだが、**長距離（2600m以上）**になると、勝率は**約28%**、複勝率は**50%以上**と大きくアップする。

さらに長距離で1番人気に支持されれば、勝率**44.4%**、複勝率**72.2%**と信頼度は抜群！ 2～3番人気でも勝率**22.2%**、複勝率**63.0%**もあり、まさに**「長距離なら武豊を買え」**というデータとなっている。

実際、折り合いをつけて距離をもたす技術、体力を温存させて末脚を生かす騎乗には、関係者から定評があり、まさしくそれが好結果に結びついていると言えるだろう。

コース別でいえば、阪神大賞典が行われる阪神・芝3000mと天皇賞（春）の京都・芝3200mでは特に良い成績を残し、どちらも複勝率は75.0%もある。1996年阪神大賞典のナリタブライアン（1着）や1997年天皇賞（春）のマーベラスサンデー（3着）など記憶に残る名勝負はあるが、2013年は天皇賞（春）でトーセンラー（2着）を、阪神大賞典ではデスペラード（2着）をしっかりと馬券内に持ってきている。

一方、成績が良くないのは**1600m**だ。勝率は17.7%、複勝率は40.3%で、騎乗数が100を超えている距離の中では、一番複勝率が低い。特に**東京・ダート1600m、東京・芝1600m、中山・芝1600m**

距離別成績

	1-2-3-4 着以下数 / 戦	勝率	連対率	複勝率	回収値	
					単勝	複勝
1000m	123-77-62-287/549	22.4%	36.4%	47.7%	70	69
1150m	0-1-0-1/2	0.0%	50.0%	50.0%	0	55
1200m	763-523-437-2018/3741	20.4%	34.4%	46.1%	70	75
1300m	14-9-11-37/71	19.7%	32.4%	47.9%	78	87
1400m	565-415-332-1667/2979	19.0%	32.9%	44.0%	68	74
1500m	2-3-1-11/17	11.8%	29.4%	35.3%	27	41
1600m	410-294-226-1380/2310	17.7%	30.5%	40.3%	58	70
1700m	212-162-121-524/1019	20.8%	36.7%	48.6%	75	79
1800m	825-615-485-2219/4144	19.9%	34.7%	46.5%	71	76
1900m	6-0-6-14/26	23.1%	23.1%	46.2%	91	105
2000m	404-278-239-1028/1949	20.7%	35.0%	47.3%	74	78
2100m	11-6-14-30/61	18.0%	27.9%	50.8%	75	97
2200m	101-52-40-249/442	22.9%	34.6%	43.7%	92	76
2300m	3-4-3-12/22	13.6%	31.8%	45.5%	35	91
2400m	70-71-55-243/439	15.9%	32.1%	44.6%	58	77
2500m	48-34-14-138/234	20.5%	35.0%	41.0%	82	71
2600m	11-4-6-18/39	28.2%	38.5%	53.8%	91	78
3000m	19-9-8-33/69	27.5%	40.6%	52.2%	71	67
3200m	6-6-4-6/22	27.3%	54.5%	72.7%	82	135
3400m	1-0-1-0/2	50.0%	50.0%	100.0%	110	225
3600m	0-1-0-0/1	0.0%	100.0%	100.0%	0	120

という関東圏のマイルでは非常に成績が悪くなっている。

2010年以降の成績を見ると、

●東京ダ1600m（4-11-5-44）

→勝率6.3%　複勝率31.3%　単勝回収値15　複勝回収値91

●東京芝1600m（2-5-1-39）

→勝率4.3%　複勝率17.0%　単勝回収値11　複勝回収値34

●中山芝1600m（0-0-2-15）

→勝率0%　複勝率11.8%　単勝回収値0　複勝回収値18

勝率、複勝率とも非常に低く、回収値も悪い。これでは狙えない。

関東圏へ遠征したときのマイル戦には、特に注意しておきたい。

武豊馬券の鉄則③

◎長距離(2600m以上)を狙え!

×一方、中山・東京のマイルには要注意!

④逃げのユタカ、差しのユタカ…どちらを狙うか？

ディープインパクトでの活躍以降、武豊の騎乗に対して「溜《た》め殺し」という言葉がささやかれる時期があった。

溜め殺しとは、後方で脚を溜め、直線で伸びはするものの差し届かない、つまり脚を余す負け方をしたときに使われる言葉だ。

他の騎手なら、後方から届かずなんてごく当たりまえにあることだが、実績・知名度とも文句ない武豊だからこそ、そういった言葉で揶揄されたのだろう。まあ、最近はあまり聞かないが……。

そもそも後方からの騎乗で良い成績を残すことは非常に難しい。道中、前がつまったり、不利があったり、スローペースで前が止まらないことは日常茶飯だ。それこそ後方からごぼう抜きで1着を手にするには、展開に恵まれるか、その馬の実力が抜きん出ていなければならない。

競馬は前に行った馬が有利なのは常識だが、武豊においてもそれは例外ではない。

これまでの武豊の全騎乗で、逃げた馬の成績は勝率**37.4%**、複勝率は**65.1%**。**125、103**と、単複ともプラスの回収値となっている。2013年の1年間だけを見ると、**単勝回収値147、複勝回収値116**と、さらに高い数値だ。ディープインパクトのような後方一気のイメージがあるかもしれないが、意外にも、武豊の狙い目は**逃げ馬**だ。

しかし、逃げ馬といっても、前走差していた馬が突然逃げに転じることもあるわけだし、逃げ馬でも逃げられない場合もある。馬券検討において逃げ馬を完璧に見つけることは至難の業だが、2013年ファンタジーSのベルカント（当日は4番人気）、札幌記念のトウケイヘイロー（当日は2番人気）など、明らかに逃げるであろう馬

脚質別成績

	1-2-3-4着以下数/戦	勝率	連対率	複勝率	回収値	
					単勝	複勝
逃げ	857-398-236-798/2289	37.4%	54.8%	65.1%	125	103
先行	1602-1203-823-2646/6274	25.5%	44.7%	57.8%	84	90
中団	830-703-668-3755/5956	13.9%	25.7%	37.0%	53	65
後方	226-218-310-2625/3379	6.7%	13.1%	22.3%	30	43
マクリ	79-42-28-59/208	38.0%	58.2%	71.6%	130	115

に武豊が騎乗する場合は、**狙う価値ありだ。**

また、逃げ馬がわからない場合では、**前走逃げた馬**を狙う方法が効果的だ。つまり、**前走において最初のコーナーで1番手、かつ4コーナーでも1番手だった馬**だ。

2013年の武豊は、そういう馬に67回の騎乗があり、「1着-2着-3着-4着以下」の成績（着別度数）は**「13-9-8-37」**。勝率19.4%、複勝率44.8%、単勝回収値**143**、複勝回収値**115**と、単複馬券でも効果を発揮。上記のベルカント、トウケイヘイローもこれに該当している。

ちなみに、武豊に限ったことではないが、こういった逃げ馬の場合、GIレースになると、マークが厳しく、逃げ切りが難しい展開となる。そのため、GI以外のレース、もしくはある程度人気を吸ってくれる有力馬がそろうレースを狙うのがベストだ。

武豊馬券の鉄則④

◎「逃げのユタカ」を忘れるな!

◎逃げられる馬、もしくは、前走逃げた馬を狙え!

⑤意外や意外…武豊は「重の鬼」だった！

馬場状態は、「**良**」「**稍重**《ややおも》」「**重**《おも》」「**不良**《ふりょう》」の4段階に分かれ、これらは馬場の水分の含有量によって決められている。

芝は良馬場であれば、スピードが出やすく、能力を発揮しやすいコースとなるが、稍重→重→不良となるにつれて、スピードが出づらい、力のいる馬場となる。競走馬によって得手不得手が出ることが多く、当然、人気サイドの信頼度は低くなるので、波乱になることが多々ある。

逆に、ダートの重や不良になると、砂が湿って、スピードが出やすくなる。得手不得手は、芝ほど問われることはないので、人気サイドの信頼度は「良」と比較してもそれほど変わらない。

以下が、統計で見た馬場状態別の1番人気の成績だ。

●1番人気の全レース統計（馬場状態別）※2009年～2013年参照

芝・良	勝率31.2%	複勝率62.4%
芝・稍重	勝率27.5%	複勝率60.2%
芝・重	勝率27.5%	複勝率58.5%
芝・不良	勝率25.6%	複勝率49.4%
ダ・良	勝率33.3%	複勝率65.8%
ダ・稍重	勝率32.4%	複勝率65.7%
ダ・重	勝率31.8%	複勝率64.4%
ダ・不良	勝率30.8%	複勝率63.3%

では、武豊の馬場状態別の成績はどうか？

結論から言うと、武豊の全騎乗の成績では、良馬場でも不良馬場

馬場状態別成績――デビュー～2013年

	1-2-3-4着以下数/戦	勝率	連対率	複勝率	回収値	
					単勝	複勝
芝・良	1557-1102-868-4331/7858	19.8%	33.8%	44.9%	69	75
芝・稍重	212-131-111-575/1029	20.6%	33.3%	44.1%	76	75
芝・重	97-63-59-258/477	20.3%	33.5%	45.9%	77	82
芝・不良	50-41-25-159/275	18.2%	33.1%	42.2%	68	76
ダ・良	1080-811-679-2993/5563	19.4%	34.0%	46.2%	68	77
ダ・稍重	248-167-129-685/1229	20.2%	33.8%	44.3%	70	69
ダ・重	196-145-107-475/923	21.2%	36.9%	48.5%	70	76
ダ・不良	154-104-87-439/784	19.6%	32.9%	44.0%	70	70

1番人気の場合――過去5年（2009～2013年）

	1-2-3-4着以下数/戦	勝率	連対率	複勝率	回収値	
					単勝	複勝
芝・良	95-49-37-120/301	31.6%	47.8%	60.1%	71	77
芝・稍重	7-10-4-16/37	18.9%	45.9%	56.8%	45	76
芝・重	12-5-4-4/25	48.0%	68.0%	84.0%	98	110
芝・不良	2-1-2-5/10	20.0%	30.0%	50.0%	57	72
ダ・良	63-33-31-77/204	30.9%	47.1%	62.3%	67	78
ダ・稍重	16-10-8-19/53	30.2%	49.1%	64.2%	70	80
ダ・重	9-8-4-14/35	25.7%	48.6%	60.0%	47	72
ダ・不良	8-4-2-12/26	30.8%	46.2%	53.8%	61	66

でも差はほとんどない。

しかし、過去5年の武豊の1番人気の馬場状態別データを見ると、特に良い成績をあげている項目がある。

そう、**芝の重**だ。サンプルは、あまり多くないが、「1着-2着-3着-4着以下」の成績（着別度数）は**「12-5-4-4」**で、勝率**48.0%**、複勝率**84.0%**という驚異的な成績を残している。なお、1番人気の統計データでは芝の重の成績は、勝率27.5%、複勝率58.5%なのだから、これらよりも格段に良い成績だ。

2013年は、台風の影響などで馬場が悪くなることが多かったが、武豊は芝の重馬場に8回騎乗し、1着3回、2着1回、3着2回と、安定した成績をおさめている。

なお、重馬場といっても、これは芝のレースに限定され、また芝でも「不良」「稍重」では目立った成績は残していない。そのため、「芝の重」、この馬場状態に絞って、狙いを定めてほしい。

武豊馬券の鉄則⑤

◎芝の「重」は、80%以上の好走率。迷わず狙え！

⑥季節によって分かる勝負のバイオリズム

中央競馬の開催を大きく4つに分けると、1～3月、4～6月、7～9月、10～12月となる。春のクラシックがある6月中旬頃までを「春競馬」、函館や小倉、新潟などローカルでの開催が多い夏季の期間を「夏競馬」、菊花賞や天皇賞(秋)などビッグレースがある期間を「秋競馬」と俗に言う。

競走馬には、季節によって、好不調の波というものがあり、冬に走る馬、暑い夏に好調な馬などそのタイプは様々だが、人間も同様に季節で好不調の波というものは少なからずあるだろう。

さて、武豊はどうか? データは2010年以降の月別データを掲載した。季節による好不調の波は、武豊にもあるようで、1～3月は**平均**、4～6月は**調子を落とし**、7～8月は**好調**、9月頃から**下降線をたどり**、年末が**一番不調になる**というデータが出ている。好調期の裏づけとなる要因としては、夏競馬のローカル中心の開催を得意としていることだ。つまり、小倉競馬場での騎乗が多く、函館や札幌遠征でも好調だ。この時期は、有力騎手が他開催に分散するため、質の良い馬が集まりやすいことも好調の要因だろう。

この7～8月の好調期は、勝率が**約17%**、複勝率は**約36%**と、他のどの時期よりも良い成績で、回収値は非常に高い。なお、1番人気では、勝率28.6%、複勝率55.7%と、やや信頼度に欠けるが、狙いは**2番人気以降**である。武豊騎手としては珍しく、**穴配当の量産期間**で、**単勝20倍台あたり**までは注目しておきたい。

●7～8月 単勝29.9倍以内 1番人気除く (36-27-18-180)
→勝率13.8% 複勝率31.0% 単勝回収値120 複勝回収値83

月別成績――2010～2013年

	1-2-3-4着以下数/戦	勝率	連対率	複勝率	回収値	
					単勝	複勝
1月	34-28-28-181/271	12.5%	22.9%	33.2%	43	63
2月	25-21-18-142/206	12.1%	22.3%	31.1%	65	69
3月	29-27-8-146/210	13.8%	26.7%	30.5%	86	72
4月	13-18-20-106/157	8.3%	19.7%	32.5%	55	92
5月	15-13-18-118/164	9.1%	17.1%	28.0%	38	63
6月	17-18-11-113/159	10.7%	22.0%	28.9%	41	58
7月	26-22-15-108/171	15.2%	28.1%	36.8%	114	81
8月	30-14-13-103/160	18.8%	27.5%	35.6%	102	81
9月	30-16-25-122/193	15.5%	23.8%	36.8%	68	78
10月	25-25-19-114/183	13.7%	27.3%	37.7%	58	79
11月	24-20-15-162/221	10.9%	19.9%	26.7%	46	47
12月	18-18-17-140/193	9.3%	18.7%	27.5%	53	73

一方、成績が悪い不調な時期は、年末の12月だ。

勝率9.3%、複勝率27.5%しかなく、単勝回収値は53。2011年12月はわずか3勝、2012年では2勝しかできてなく、思うように勝利数を伸ばせていない。2013年は6勝と倍増させたが、同じ年の7月は12勝、8月では15勝もしているので、やはり12月は不調な時期といえる。

武豊馬券の鉄則⑥

◎好調な季節は7～8月!

◎この時期は、2番人気以降も狙え!

×年末は不調なので割引!

⑦WIN5をゲットするには、こう狙え!

WIN5は2011年4月24日より発売がスタートした、5重勝単勝式の馬券だ。指定された5レース全ての1着馬を当てなければならないので、そう簡単には的中できないが、的中すればもしかすると「億」の配当があるかもしれない、夢の馬券だ。

そのWIN5対象レースの武豊の「1着-2着-3着-4着以下」の成績(着別度数)は「27-20-17-158」で、勝率12.2%、連対率21.2%、複勝率28.8%となっている。

つまり、WIN5馬券に貢献したのは27回ということになる。この27回の内訳は、1番人気11回、2～4番人気9回、5～7番人気7回、8番人気以下は0回である。

さらに、単勝オッズに注目すると、30倍以上での成績は「0-0-0-43」。

すなわち、WIN5で武豊を馬券に入れるのは、**「7番人気以内」かつ「単勝オッズ29.9倍以内」**となる。

また、騎乗馬の所属別に注目しても、顕著な傾向がある。当然、武豊は栗東(関西)所属の騎手だから、関西圏の開催で関西馬(栗東所属厩舎の馬)に騎乗することが多いが、関東圏への遠征も多々あり、関東馬(美浦所属厩舎の馬)の騎乗もある。もちろん、関西へ遠征してきた関東馬の騎乗もあるだろう。

WIN5対象レースでの騎乗馬の割合は、関西馬80%、関東馬20%程度だ。しかし、1着馬の割合を見ると、**全27勝のうち、関西馬25勝、関東馬2勝**となっている。明らかに関西馬で良い成績あげているのだ。関東馬での2勝は、1番人気であげたもので、2番人気以下では41頭騎乗して全敗。つまり、**関東馬騎乗**で**2番人気以下**なら**消し**でOKとなる。

WIN5 人気別成績

	1-2-3-4着以下数 / 戦	勝率	連対率	複勝率	回収値	
					単勝	複勝
1番人気	11-4-4-12/31	35.5%	48.4%	61.3%	90	86
2番人気	4-5-3-13/25	16.0%	36.0%	48.0%	65	90
3番人気	2-3-3-13/21	9.5%	23.8%	38.1%	55	90
4番人気	3-0-1-16/20	15.0%	15.0%	20.0%	141	58
5番人気	2-1-2-21/26	7.7%	11.5%	19.2%	87	54
6番人気	4-1-1-14/20	20.0%	25.0%	30.0%	269	104
7番人気	1-2-1-11/15	6.7%	20.0%	26.7%	146	137
8番人気	0-1-1-15/17	0.0%	5.9%	11.8%	0	57
9番人気	0-1-1-12/14	0.0%	7.1%	14.3%	0	92
10番人気	0-2-0-9/11	0.0%	18.2%	18.2%	0	121
11番人気～	0-0-0-22/22	0.0%	0.0%	0.0%	0	0
計	27-20-17-158/222	12.2%	21.2%	28.8%	82	77

WIN5 単勝オッズ別成績

	1-2-3-4着以下数 / 戦	勝率	連対率	複勝率	回収値	
					単勝	複勝
1.0～1.4	1-0-0-0/1	100.0%	100.0%	100.0%	140	110
1.5～1.9	3-0-0-0/3	100.0%	100.0%	100.0%	183	110
2.0～2.9	5-4-0-6/15	33.3%	60.0%	60.0%	94	81
3.0～3.9	4-3-4-4/15	26.7%	46.7%	73.3%	94	121
4.0～4.9	3-1-1-11/16	18.8%	25.0%	31.3%	86	60
5.0～6.9	1-2-4-12/19	5.3%	15.8%	36.8%	36	63
7.0～9.9	4-1-5-20/30	13.3%	16.7%	33.3%	117	100
10.0～14.9	3-3-1-29/36	8.3%	16.7%	19.4%	105	71
15.0～19.9	2-3-1-10/16	12.5%	31.3%	37.5%	199	156
20.0～29.9	1-3-1-23/28	3.6%	14.3%	17.9%	78	121
30.0～	0-0-0-43/43	0.0%	0.0%	0.0%	0	0

WIN5 厩舎所属別成績

	1-2-3-4着以下数 / 戦	勝率	連対率	複勝率	回収値	
					単勝	複勝
美浦	2-3-4-34/43	4.7%	11.6%	20.9%	10	50
栗東	25-17-13-124/179	14.0%	23.5%	30.7%	99	83

集計期間：2011年4月～2013年終了時点

一方、逆に、買わなければならないパターンを見ていこう。

まずは、**1番人気**。11勝のうち単勝1倍台が4勝、2倍台5勝、3倍台2勝、4倍以上は0勝なので、買えるのは3倍台まで。

2番人気でも3倍台は2勝しているので、**単勝3倍台**までは必ず押さえておく必要がある。ちなみに、単勝3.9倍以内の馬で、距離1200～1400mにかぎると、「7-2-2-0」で、勝率63.6％！　複勝率にいたっては100％なので、3連複などの軸でも活用できるだろう。

武豊馬券の鉄則⑦

◎WIN5対象レースでは、単勝オッズ3.9倍以内なら必ず買い！

◎さらに、距離1200～1400mならば、勝率64％！

×8番人気以下、さらに2番人気以下の関東馬は消し！

×単勝オッズ30倍以上は消し！

PART 2

「競馬場」で分かる
武豊の買い時・消し時

◎

⑧京都――「買い」「消し」がはっきりと分かるレースとは?

⑪中山――オグリコールは遠い過去の話?

⑫小倉――めっぽう得意ゆえの過剰人気に注意!

⑮新潟――長い直線が凶と出るか? 吉と出るか?

⑰函館――ベタ買いすると、どうなるか?

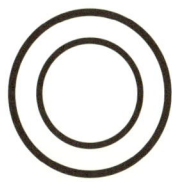

⑧京都競馬場

「買い」「消し」がはっきりと分かるレースとは？

京都競馬場のＧＩといえば、多くの人が天皇賞（春）を思い浮かべるだろう。そのレースを武豊は6勝もしており、**京都・芝3200m**は得意コースのひとつだ。1989年イナリワン、1990年スーパークリーク、1991年・1992年メジロマックイーン連覇で、自身は4連覇（史上初）を成し遂げている。近年は、2006年ディープインパクト以来、勝利からは遠ざかっているが、2012年3着ウインバリアシオン、2013年2着トーセンラーと堅実に馬券に貢献している。

実際、デビュー以来、京都・芝3200mでの「1着-2着-3着-4着以下」の成績（着別度数）は「6-5-4-5」で、着外は5回しかなく、複勝率は**75.0%**、複勝回収値は**141**に上る。**天皇賞（春）で武豊を買っておいて損はないのだ。**

京都競馬場での狙い目は、年に1度しかない芝3200mだけではない。施行回数が多い**ダート1200m**も買える条件のひとつだ。

デビューからの全成績は、勝率20.7%、複勝率46.8%と他のコースと比較して何ら変わりない成績だが、2010年以降の1番人気と2番人気の成績を見てみると、

●1番人気（13-4-3-8）
→勝率46.4%　複勝率71.4%　単勝回収値104　複勝回収値91
●2番人気（8-6-4-13）
→勝率25.8%　複勝率58.1%　単勝回収値105　複勝回収値97

非常に高い確率で馬券になっており、単勝回収値はプラスとなっている。複勝回収値も高レベルで、武豊の人気サイドのデータとしては破格の数値だ。これが低迷期に入った2010年以降のデータな

【京都競馬場】

人気別成績

	1-2-3-4 着以下数 / 戦	勝率	連対率	複勝率	回収値	
					単勝	複勝
1 番人気	696-375-240-650/1961	35.5%	54.6%	66.9%	70	80
2 番人気	242-228-172-592/1234	19.6%	38.1%	52.0%	74	78
3 番人気	102-112-109-477/800	12.8%	26.8%	40.4%	70	74
4 番人気	52-54-64-368/538	9.7%	19.7%	31.6%	72	75
5 番人気	26-39-26-348/439	5.9%	14.8%	20.7%	57	56
6 番人気	21-18-17-247/303	6.9%	12.9%	18.5%	85	63
7 ～ 9 番人気	17-14-25-404/460	3.7%	6.7%	12.2%	58	53
10 番人気～	3-5-3-141/152	2.0%	5.3%	7.2%	44	51
計	1159-845-656-3227/5887	19.7%	34.0%	45.2%	69	73

単勝オッズ別成績

	1-2-3-4 着以下数 / 戦	勝率	連対率	複勝率	回収値	
					単勝	複勝
1.0 ～ 1.4	152-44-20-29/245	62.0%	80.0%	88.2%	78	91
1.5 ～ 1.9	266-125-70-136/597	44.6%	65.5%	77.2%	74	85
2.0 ～ 2.9	248-215-124-372/959	25.9%	48.3%	61.2%	62	77
3.0 ～ 3.9	185-114-122-322/743	24.9%	40.2%	56.7%	85	81
4.0 ～ 4.9	95-113-74-334/616	15.4%	33.8%	45.8%	68	74
5.0 ～ 6.9	105-99-105-486/795	13.2%	25.7%	38.9%	75	73
7.0 ～ 9.9	58-71-81-470/680	8.5%	19.0%	30.9%	69	75
10.0 ～ 14.9	34-44-30-434/542	6.3%	14.4%	19.9%	75	63
15.0 ～ 19.9	10-10-16-245/281	3.6%	7.1%	12.8%	61	53
20.0 ～ 29.9	6-5-10-200/221	2.7%	5.0%	9.5%	64	52
30.0 ～ 49.9	0-5-3-140/148	0.0%	3.4%	5.4%	0	36
50.0 ～ 99.9	0-0-1-51/52	0.0%	0.0%	1.9%	0	14
100.0 ～	0-0-0-8/8	0.0%	0.0%	0.0%	0	0

集計期間：1987 年 3 月～ 2013 年終了時点。以下、断りのないデータは同様

【京都競馬場】

コース別成績

	1-2-3-4着以下数/戦	勝率	連対率	複勝率	回収値	
					単勝	複勝
ダ1200	180-120-107-462/869	20.7%	34.5%	46.8%	63	70
ダ1400	172-137-106-487/902	19.1%	34.3%	46.0%	75	77
ダ1700	3-4-1-13/21	14.3%	33.3%	38.1%	55	62
ダ1800	236-173-147-649/1205	19.6%	33.9%	46.1%	69	74
ダ1900	6-0-6-12/24	25.0%	25.0%	50.0%	99	114
芝1200	64-59-41-209/373	17.2%	33.0%	44.0%	62	76
芝1400	56-46-25-143/270	20.7%	37.8%	47.0%	68	67
芝1400外	33-21-20-115/189	17.5%	28.6%	39.2%	69	74
芝1600	49-45-26-169/289	17.0%	32.5%	41.5%	40	63
芝1600外	74-43-41-258/416	17.8%	28.1%	38.0%	68	63
芝1800外	83-62-31-220/396	21.0%	36.6%	44.4%	69	72
芝2000	101-62-50-251/464	21.8%	35.1%	45.9%	81	75
芝2000外	2-2-1-3/8	25.0%	50.0%	62.5%	86	101
芝2200外	39-18-13-96/166	23.5%	34.3%	42.2%	93	69
芝2400外	44-43-30-106/223	19.7%	39.0%	52.5%	75	86
芝3000外	11-5-7-29/52	21.2%	30.8%	44.2%	64	60
芝3200外	6-5-4-5/20	30.0%	55.0%	75.0%	90	141

クラス別成績

	1-2-3-4着以下数/戦	勝率	連対率	複勝率	回収値	
					単勝	複勝
新馬	167-129-92-414/802	20.8%	36.9%	48.4%	63	72
未勝利	284-205-151-660/1300	21.8%	37.6%	49.2%	69	74
500万下	275-215-161-847/1498	18.4%	32.7%	43.5%	67	71
1000万下	209-153-123-671/1156	18.1%	31.3%	42.0%	71	72
1600万下	83-55-51-234/423	19.6%	32.6%	44.7%	77	76
オープン	65-33-47-177/322	20.2%	30.4%	45.0%	72	75
GⅢ	29-19-12-95/155	18.7%	31.0%	38.7%	79	71
GⅡ	27-20-7-67/121	22.3%	38.8%	44.6%	80	69
GⅠ	20-16-12-62/110	18.2%	32.7%	43.6%	63	76

条件別成績

	1-2-3-4着以下数/戦	勝率	連対率	複勝率	回収値	
					単勝	複勝
牝馬限定	145-99-96-464/804	18.0%	30.3%	42.3%	66	70
ハンデ戦	92-59-64-250/465	19.8%	32.5%	46.2%	89	88
2歳限定	231-167-114-521/1033	22.4%	38.5%	49.6%	66	71
3歳限定	391-297-221-1014/1923	20.3%	35.8%	47.3%	68	73
3歳以上	257-177-149-842/1425	18.0%	30.5%	40.9%	76	71
4歳以上	280-204-172-850/1506	18.6%	32.1%	43.6%	66	75

のだから、より一層価値がある。ただし、7番人気以下ではまったく馬券に絡んでいないので注意してほしい。京都競馬場のダート1200mでは、**人気は買い、人気薄は消し**と覚えておこう。

同様に、今度は京都競馬場で買えないデータを紹介したい。

これも2010年以降のデータとなるが、**2歳戦の新馬・未勝利・500万下・オープン**、どれを取っても**5番人気以下**で連対がないのである。1番人気だけは勝率45.2%、複勝率74.2%と飛びぬけて良い成績だが、人気のない馬は消しでOKだ。

さかのぼると2010年ファンタジーSで3着に入ったホエールキャプチャ（5番人気）の1頭のみ。それ以降、2歳戦の5番人気以下での馬券絡みは一度もない。

武豊馬券の鉄則⑧—京都競馬場

◎長距離といえば武豊！　春天で買い！

◎ダ1200mの1～2番人気は素直に信じろ！

×2歳戦の5番人気以下は消し！

⑨阪神競馬場

必ず買わなければいけないレースとは？

阪神競馬場は、武豊騎手にとって、1987年にアグネスディクターでデビューした思い出のある競馬場で、これまで全騎乗が5000回を超える。京都競馬場と並び、活動の中心としている競馬場である。

勝利数は1000を突破し、重賞でも数多く勝利。1987年の阪神牝馬S（シヨノリーガル）から2013年の鳴尾記念（トウケイヘイロー）まで計71勝もしている。

特に勝利数が多いのは、**阪神大賞典**の7勝。このレースの全成績は**「7-4-1-3」**で、勝率**46.7%**、複勝率にいたってはなんと**80.0%**！1992年のメジロマックイーン、1996年のナリタブライアンや1999年のスペシャルウィーク、2006年のディープインパクトなど数多くの名馬に乗り、名勝負を繰り広げてきた阪神大賞典は、武豊にとって得意中の得意な重賞である。

このほかでは、アーリントンCで6勝、桜花賞5勝、朝日チャレンジC4勝、宝塚記念3勝など、多くの**重賞**で活躍してきた。ただ、近年はGⅡ・GⅢでの勝利はあるが、**GⅠでは2004年桜花賞のダンスインザムード以降、勝てていない。**2013年のJCダート2着のワンダーアキュートは非常に惜しかった。

阪神競馬場は2006年12月から外回りコースが新設され、大きな競馬場に生まれ変わった。今回はそれ以降の成績を掲載するが、**外回りでの武豊の成績はそれほど良くない。**1600～1800mの外回りでは勝率13.5%程度、複勝率は32%前後。2400m（外）も勝率15.6%、複勝率31.1%と、他のコースと比べると低い数値だ。また、新設されたダート2000mも勝率8.3%しかなく、非常に苦戦している。

比較的良い成績は、ダート1200mや芝1200m、芝2200m、芝

【阪神競馬場】

人気別成績

	1-2-3-4 着以下数 / 戦	勝率	連対率	複勝率	回収値	
					単勝	複勝
1 番人気	119-63-42-147/371	32.1%	49.1%	60.4%	68	75
2 番人気	50-37-38-147/272	18.4%	32.0%	46.0%	69	71
3 番人気	15-21-20-118/174	8.6%	20.7%	32.2%	45	61
4 番人気	8-19-14-109/150	5.3%	18.0%	27.3%	39	68
5 番人気	8-7-12-78/105	7.6%	14.3%	25.7%	78	81
6 番人気	5-8-3-53/69	7.2%	18.8%	23.2%	105	88
7 ～ 9 番人気	2-9-3-120/134	1.5%	8.2%	10.4%	32	63
10 番人気～	2-1-3-57/63	3.2%	4.8%	9.5%	100	104
計	209-165-135-829/1338	15.6%	28.0%	38.0%	63	73

単勝オッズ別成績

	1-2-3-4 着以下数 / 戦	勝率	連対率	複勝率	回収値	
					単勝	複勝
1.0 ～ 1.4	16-4-4-5/29	55.2%	69.0%	82.8%	70	88
1.5 ～ 1.9	40-22-13-28/103	38.8%	60.2%	72.8%	65	80
2.0 ～ 2.9	59-32-27-77/195	30.3%	46.7%	60.5%	76	77
3.0 ～ 3.9	36-30-15-91/172	20.9%	38.4%	47.1%	72	70
4.0 ～ 4.9	20-16-22-78/136	14.7%	26.5%	42.6%	65	73
5.0 ～ 6.9	18-17-20-103/158	11.4%	22.2%	34.8%	66	70
7.0 ～ 9.9	6-19-15-127/167	3.6%	15.0%	24.0%	31	64
10.0 ～ 14.9	8-12-9-103/132	6.1%	15.2%	22.0%	73	70
15.0 ～ 19.9	2-6-5-72/85	2.4%	9.4%	15.3%	40	63
20.0 ～ 29.9	3-4-1-59/67	4.5%	10.4%	11.9%	105	81
30.0 ～ 49.9	1-3-2-50/56	1.8%	7.1%	10.7%	62	98
50.0 ～ 99.9	0-0-2-25/27	0.0%	0.0%	7.4%	0	94
100.0 ～	0-0-0-11/11	0.0%	0.0%	0.0%	0	0

集計期間：2006 年 12 月～ 2013 年終了時点

【阪神競馬場】

コース別成績

	1-2-3-4 着以下数 / 戦	勝率	連対率	複勝率	回収値	
					単勝	複勝
ダ 1200	29-21-15-87/152	19.1%	32.9%	42.8%	67	78
ダ 1400	31-29-15-124/199	15.6%	30.2%	37.7%	66	74
ダ 1800	34-40-26-141/241	14.1%	30.7%	41.5%	59	78
ダ 2000	3-5-5-23/36	8.3%	22.2%	36.1%	38	70
芝 1200	15-4-4-44/67	22.4%	28.4%	34.3%	91	53
芝 1400	24-19-18-83/144	16.7%	29.9%	42.4%	46	95
芝 1600 外	22-15-17-109/163	13.5%	22.7%	33.1%	44	61
芝 1800 外	20-14-11-100/145	13.8%	23.4%	31.0%	73	56
芝 2000	14-8-17-66/105	13.3%	21.0%	37.1%	62	69
芝 2200	9-6-2-20/37	24.3%	40.5%	45.9%	141	128
芝 2400 外	7-3-4-31/45	15.6%	22.2%	31.1%	48	45
芝 3000	1-1-1-1/4	25.0%	50.0%	75.0%	112	100

クラス別成績

	1-2-3-4 着以下数 / 戦	勝率	連対率	複勝率	回収値	
					単勝	複勝
新馬	37-16-13-77/143	25.9%	37.1%	46.2%	62	66
未勝利	61-56-46-218/381	16.0%	30.7%	42.8%	66	81
500 万下	57-38-34-211/340	16.8%	27.9%	37.9%	70	72
1000 万下	24-28-16-136/204	11.8%	25.5%	33.3%	60	74
1600 万下	11-8-9-73/101	10.9%	18.8%	27.7%	39	51
オープン	4-5-5-38/52	7.7%	17.3%	26.9%	15	65
G Ⅲ	9-6-5-32/52	17.3%	28.8%	38.5%	107	79
G Ⅱ	6-5-5-29/45	13.3%	24.4%	35.6%	70	95
G Ⅰ	0-3-2-15/20	0.0%	15.0%	25.0%	0	45

条件別成績

	1-2-3-4 着以下数 / 戦	勝率	連対率	複勝率	回収値	
					単勝	複勝
牝馬限定	33-21-16-120/190	17.4%	28.4%	36.8%	68	66
ハンデ戦	10-9-7-74/100	10.0%	19.0%	26.0%	48	57
2 歳限定	58-35-35-156/284	20.4%	32.7%	45.1%	70	72
3 歳限定	63-50-45-232/390	16.2%	29.0%	40.5%	67	79
3 歳以上	65-56-36-292/449	14.5%	26.9%	35.0%	59	73
4 歳以上	23-24-19-149/215	10.7%	21.9%	30.7%	53	63

集計期間：2006 年 12 月～ 2013 年終了時点

3000mなど、改修前から変わらずにあるコースだ。芝2200mでは、宝塚記念の勝利は2006年以降はないものの、同コースで行われる**未勝利戦**や**500万下**では**「6-5-1-8」**。勝率**30.0%**、複勝率**60.0%**、単勝回収値**221**、複勝回収値**202**と、好成績をあげている点は見逃せない。

クラス別データでは、**2歳新馬**のレースに注目だ。この条件での1番人気は勝率48.0%、複勝率78.0%で、単勝オッズ1倍台なら馬券に絡む確率は90%以上となる。

●2歳新馬・単勝1倍台（17-8-3-2）→勝率56.7% 複勝率93.3%

武豊馬券の鉄則⑨—阪神競馬場

◎重賞で強い！ 阪神大賞典は必ず買い！

◎芝2200mの未勝利・500万下も買い！

×芝外回りコースとダート2000mは割引！

⑩東京競馬場

ダービー5勝のイメージにだまされるな！

東京競馬場は、数多くの重賞が行われる、日本競馬で中心的な役割を担う競馬場だ。その中でも、芝2400mは、日本ダービー、オークス、ジャパンカップが行われる重要なコースといえる。では、その芝2400mの武豊の成績はどうか見てみよう。

●東京芝2400m（18-24-21-96）

→勝率11.3％　複勝率39.6％　単勝回収値38　複勝回収値76

最近では、2013年のキズナでのダービー制覇があり、過去にはディープインパクト、タニノギムレット、スペシャルウィーク、エアグルーヴなどとともに活躍し、とても華やかな話題性があり、相性の良いコースというイメージが先行する。

しかし、そのイメージとは裏腹に勝率は**11.3％**にすぎず、あまり勝てていない。単勝回収値を見ても38と非常に低く、買える要素はない。つまり馬券的に見れば、このコースでの武豊に対しては、**過剰な期待はしない方が良い。**ちなみに、2010年ジャパンカップのローズキングダム（繰り上がり1着）以降、勝利したのは、キズナしかいないのである（2013年12月末現在）。

中山競馬場でも同様のことがいえるが、関東遠征の成績は、京都・阪神に比べ回収値が低くなっている。つまり人気過剰で、それに見合う勝利をおさめていないのだ。

しかし、ここで東京競馬場で買えるポイントをいくつか紹介したいと思う。

まず、**1番人気の関西馬**だ。1番人気になるほどの有力馬が関西から東京へ遠征し、その馬に乗るために武豊も遠征してくるのだか

【東京競馬場】

人気別成績

	1-2-3-4 着以下数 / 戦	勝率	連対率	複勝率	回収値	
					単勝	複勝
1 番人気	217-106-79-224/626	34.7%	51.6%	64.2%	74	80
2 番人気	94-71-55-223/443	21.2%	37.2%	49.7%	85	77
3 番人気	30-55-42-203/330	9.1%	25.8%	38.5%	53	72
4 番人気	18-28-25-153/224	8.0%	20.5%	31.7%	65	80
5 番人気	9-12-13-128/162	5.6%	13.0%	21.0%	66	73
6 番人気	7-11-8-96/122	5.7%	14.8%	21.3%	74	79
7 ～ 9 番人気	3-12-12-180/207	1.4%	7.2%	13.0%	30	69
10 番人気～	0-2-5-72/79	0.0%	2.5%	8.9%	0	87
計	378-297-239-1279/2193	17.2%	30.8%	41.7%	65	77

単勝オッズ別成績

	1-2-3-4 着以下数 / 戦	勝率	連対率	複勝率	回収値	
					単勝	複勝
1.0 ～ 1.4	27-10-5-13/55	49.1%	67.3%	76.4%	61	81
1.5 ～ 1.9	66-23-26-38/153	43.1%	58.2%	75.2%	71	83
2.0 ～ 2.9	113-65-45-117/340	33.2%	52.4%	65.6%	81	83
3.0 ～ 3.9	58-48-33-128/267	21.7%	39.7%	52.1%	73	75
4.0 ～ 4.9	36-37-26-127/226	15.9%	32.3%	43.8%	70	72
5.0 ～ 6.9	37-44-34-186/301	12.3%	26.9%	38.2%	69	74
7.0 ～ 9.9	23-28-32-195/278	8.3%	18.3%	29.9%	68	76
10.0 ～ 14.9	12-24-15-184/235	5.1%	15.3%	21.7%	62	68
15.0 ～ 19.9	5-9-9-92/115	4.3%	12.2%	20.0%	70	91
20.0 ～ 29.9	0-7-8-99/114	0.0%	6.1%	13.2%	0	67
30.0 ～ 49.9	1-0-6-69/76	1.3%	1.3%	9.2%	40	83
50.0 ～ 99.9	0-2-0-28/30	0.0%	6.7%	6.7%	0	94
100.0 ～	0-0-0-3/3	0.0%	0.0%	0.0%	0	0

【東京競馬場】

コース別成績

	1-2-3-4 着以下数 / 戦	勝率	連対率	複勝率	回収値	
					単勝	複勝
ダ 1200	22-12-9-50/93	23.7%	36.6%	46.2%	95	83
ダ 1300	14-9-11-37/71	19.7%	32.4%	47.9%	78	87
ダ 1400	51-43-27-166/287	17.8%	32.8%	42.2%	69	74
ダ 1600	53-51-36-249/389	13.6%	26.7%	36.0%	39	71
ダ 2100	11-6-14-30/61	18.0%	27.9%	50.8%	75	97
ダ 2400	0-0-0-4/4	0.0%	0.0%	0.0%	0	0
芝 1400	49-33-27-160/269	18.2%	30.5%	40.5%	77	71
芝 1600	63-42-35-209/349	18.1%	30.1%	40.1%	67	74
芝 1800	45-50-26-152/273	16.5%	34.8%	44.3%	61	79
芝 2000	42-22-27-97/188	22.3%	34.0%	48.4%	92	92
芝 2300	2-2-2-8/14	14.3%	28.6%	42.9%	42	72
芝 2400	18-24-21-96/159	11.3%	26.4%	39.6%	38	76
芝 2500	3-1-1-8/13	23.1%	30.8%	38.5%	86	70
芝 3400	1-0-1-0/2	50.0%	50.0%	100.0%	110	225

クラス別成績

	1-2-3-4 着以下数 / 戦	勝率	連対率	複勝率	回収値	
					単勝	複勝
新馬	24-24-11-76/135	17.8%	35.6%	43.7%	56	65
未勝利	80-70-61-285/496	16.1%	30.2%	42.5%	56	78
500 万下	104-88-67-366/625	16.6%	30.7%	41.4%	66	80
1000 万下	59-58-46-225/388	15.2%	30.2%	42.0%	64	78
1600 万下	29-21-19-92/161	18.0%	31.1%	42.9%	91	87
オープン	20-10-10-59/99	20.2%	30.3%	40.4%	48	63
GⅢ	20-8-6-34/68	29.4%	41.2%	50.0%	78	77
GⅡ	13-4-2-43/62	21.0%	27.4%	30.6%	83	48
GⅠ	29-14-17-99/159	18.2%	27.0%	37.7%	67	78

条件別成績

	1-2-3-4 着以下数 / 戦	勝率	連対率	複勝率	回収値	
					単勝	複勝
牝馬限定	49-38-22-153/262	18.7%	33.2%	41.6%	70	79
ハンデ戦	27-22-27-113/189	14.3%	25.9%	40.2%	59	85
2 歳限定	44-44-19-144/251	17.5%	35.1%	42.6%	57	63
3 歳限定	149-109-102-495/855	17.4%	30.2%	42.1%	60	78
3 歳以上	86-60-59-261/466	18.5%	31.3%	44.0%	71	85
4 歳以上	99-84-59-379/621	15.9%	29.5%	39.0%	70	75

ら、当然、勝負気配は濃厚。勝ち負けになる確率は非常に高い。

その場合の成績は、2010年以降でも「9-6-1-6」。勝率**40.9%**、複勝率**72.7%**と高確率で馬券になっている。GⅠにかぎっても、2007年の天皇賞・秋（メイショウサムソン）以降、3着以内を外していない。

もうひとつ買えるポイントとしては、**ダーレー・ジャパン・ファームの生産馬**、もしくは**H.H.シェイク・モハメド所有馬**に騎乗した時だ。東京競馬場では、単複ともプラス収支となっており、複勝率は60％近くある。買える要素がたっぷりあるのだ。ただし、**小島太厩舎**だと勝ち切れていないので注意が必要だ。

武豊馬券の鉄則⑩―東京競馬場

◎関西馬の1番人気は買い。GⅠは特注！

◎ダーレー生産馬、もしくはモハメド殿下所有馬に注目！

×芝2400mは苦戦。華やかなイメージにだまされるな！

⑪中山競馬場

オグリコールは遠い過去の話?

2013年有馬記念、オルフェーヴル圧勝の陰で、ひとつ驚いたことがあった。それは、武豊騎乗のラブイズブーシェが4着に入ったことだ。馬券にならなかったとはいえ、12番人気の激走は意外だった。オルフェーヴル以外は、人気ほど実力差はなかったかもしれないし、展開の利もあったが、武豊の好騎乗でグランプリの掲示板にのったことは素晴らしいと素直に思う。ただ、この素晴らしい驚きの4着も、「馬券外」という意味では、データどおりの結果だった。

ラブイズブーシェは12番人気。単勝オッズは15時の時点で55倍程度だった。武豊の中山競馬場の成績は、デビュー以来、**10番人気以下の馬券絡みは皆無**だし、**単勝オッズ30倍以上の馬では3着以内に入ったことは1度もない。**また、中山競馬場でのGⅠの成績は「7-13-7-44」だが、2006年の有馬記念(ディープインパクト)以降は勝利がなく、馬券に絡んだのは2008年朝日杯FS(ブレイクランアウト、1番人気)での3着と一度しかない。これだけの消去できるデータがそろっているのだから、2013年の有馬記念は「消し」でOKであり、4着というのはデータどおりの結果だった。

有馬記念の武豊といえば、1990年、オグリキャップの奇跡の復活劇だろう。ラストランで見せた感動的な勝利、そしてオグリコール。それから既に20年以上が経過し、有馬記念では毎年のように騎乗があるが、意外にも、このオグリキャップとディープインパクトでしか勝利していない。有馬記念は苦戦を強いられているGⅠだ。

このようにマイナスのデータばかりが目につく中山競馬場だが、買えるポイントをいくつか紹介しよう。

【中山競馬場】

人気別成績

	1-2-3-4 着以下数 / 戦	勝率	連対率	複勝率	回収値	
					単勝	複勝
1 番人気	104-51-41-106/302	34.4%	51.3%	64.9%	69	80
2 番人気	48-43-33-92/216	22.2%	42.1%	57.4%	80	87
3 番人気	23-20-25-100/168	13.7%	25.6%	40.5%	73	77
4 番人気	16-11-14-73/114	14.0%	23.7%	36.0%	113	84
5 番人気	0-7-6-58/71	0.0%	9.9%	18.3%	0	51
6 番人気	2-4-4-50/60	3.3%	10.0%	16.7%	33	58
7 ～ 9 番人気	0-1-5-79/85	0.0%	1.2%	7.1%	0	39
10 番人気～	0-0-0-27/27	0.0%	0.0%	0.0%	0	0
計	193-137-128-585/1043	18.5%	31.6%	43.9%	63	73

単勝オッズ別成績

	1-2-3-4 着以下数 / 戦	勝率	連対率	複勝率	回収値	
					単勝	複勝
1.0 ～ 1.4	20-5-0-4/29	69.0%	86.2%	86.2%	89	89
1.5 ～ 1.9	38-16-16-18/88	43.2%	61.4%	79.5%	74	90
2.0 ～ 2.9	45-29-20-72/166	27.1%	44.6%	56.6%	64	72
3.0 ～ 3.9	37-26-15-52/130	28.5%	48.5%	60.0%	98	89
4.0 ～ 4.9	18-13-23-44/98	18.4%	31.6%	55.1%	82	89
5.0 ～ 6.9	20-15-22-105/162	12.3%	21.6%	35.2%	68	66
7.0 ～ 9.9	10-18-17-83/128	7.8%	21.9%	35.2%	63	81
10.0 ～ 14.9	4-12-8-74/98	4.1%	16.3%	24.5%	43	68
15.0 ～ 19.9	1-1-2-50/54	1.9%	3.7%	7.4%	28	27
20.0 ～ 29.9	0-2-5-42/49	0.0%	4.1%	14.3%	0	80
30.0 ～ 49.9	0-0-0-26/26	0.0%	0.0%	0.0%	0	0
50.0 ～ 99.9	0-0-0-14/14	0.0%	0.0%	0.0%	0	0
100.0 ～	0-0-0-1/1	0.0%	0.0%	0.0%	0	0

【中山競馬場】

コース別成績

	1-2-3-4 着以下数 / 戦	勝率	連対率	複勝率	回収値	
					単勝	複勝
ダ 1000	0-0-0-3/3	0.0%	0.0%	0.0%	0	0
ダ 1200	45-28-40-129/242	18.6%	30.2%	46.7%	63	79
ダ 1800	56-30-18-140/244	23.0%	35.2%	42.6%	92	71
ダ 2400	0-0-0-2/2	0.0%	0.0%	0.0%	0	0
芝 1200	17-10-15-44/86	19.8%	31.4%	48.8%	58	80
芝 1600	17-20-20-100/157	10.8%	23.6%	36.3%	35	58
芝 1800	20-15-11-46/92	21.7%	38.0%	50.0%	56	87
芝 2000	26-17-16-66/125	20.8%	34.4%	47.2%	61	74
芝 2200	5-4-1-24/34	14.7%	26.5%	29.4%	56	44
芝 2500	7-12-7-31/57	12.3%	33.3%	45.6%	39	84
芝 3600	0-1-0-0/1	0.0%	100.0%	100.0%	0	120

クラス別成績

	1-2-3-4 着以下数 / 戦	勝率	連対率	複勝率	回収値	
					単勝	複勝
新馬	23-17-16-77/133	17.3%	30.1%	42.1%	55	65
未勝利	52-23-29-129/233	22.3%	32.2%	44.6%	80	73
500 万下	40-29-23-129/221	18.1%	31.2%	41.6%	64	72
1000 万下	34-21-20-91/166	20.5%	33.1%	45.2%	69	75
1600 万下	12-11-10-52/85	14.1%	27.1%	38.8%	54	60
オープン	4-10-11-31/56	7.1%	25.0%	44.6%	21	83
GⅢ	9-5-6-11/31	29.0%	45.2%	64.5%	87	101
GⅡ	12-8-6-21/47	25.5%	42.6%	55.3%	53	91
GⅠ	7-13-7-44/71	9.9%	28.2%	38.0%	38	67

条件別成績

	1-2-3-4 着以下数 / 戦	勝率	連対率	複勝率	回収値	
					単勝	複勝
牝馬限定	25-8-6-65/104	24.0%	31.7%	37.5%	85	62
ハンデ戦	14-12-16-59/101	13.9%	25.7%	41.6%	50	69
2 歳限定	34-16-29-100/179	19.0%	27.9%	44.1%	55	73
3 歳限定	72-51-41-208/372	19.4%	33.1%	44.1%	69	72
3 歳以上	48-42-32-133/255	18.8%	35.3%	47.8%	70	80
4 歳以上	39-28-26-144/237	16.5%	28.3%	39.2%	50	66

●芝1200m・ダート1200m、かつ1番人気（7-2-2-2）
→勝率53.8%　複勝率84.6%　単勝回収値143　複勝回収値117
●前走武豊から乗替なし、かつ前走と同クラス（平場のみ）
→（7-3-1-6）勝率41.2%　複勝率64.7%
単勝回収値136　複勝回収値87

上記のデータは、2009～2013年末を対象としている。

まず、苦戦を強いられる中山競馬場の中にあって、芝ダートともに1200m（1番人気）ではなかなか成績がよく、単複ともに回収値は100を超える。

ふたつめの条件は、乗替わりがあるかどうかだ。前走から乗替わりなく引き続き武豊が騎乗すると、成績が良い。ただし、これは前走と同クラスの場合で、しかも平場のレースに限られるので注意してほしい。

武豊馬券の鉄則⑪—中山競馬場

◎芝ダートともに1200mの1番人気は、買い！

◎乗替わりでない馬（平場）は要チェック！

×単勝10番人気以下、単勝オッズ30倍以上は消し！

⑫小倉競馬場

めっぽう得意ゆえの過剰人気に注意！

武豊のローカルの本拠地といえば小倉競馬場。夏競馬の期間はほぼ小倉で騎乗しており、騎乗回数が1000を超えている競馬場の中では一番成績が良い競馬場となっている。

なかでも重賞では特に強い印象を残している。2013年の小倉記念はメイショウナルト（3番人気）で勝利し、2012年は北九州記念で6番人気のエピセアロームを、小倉記念では9番人気のナリタクリスタルを3着に好走させている。さらに、2004～2005年はメイショウカイドウで勝ちまくるなど、記憶に残っている人も多いだろう。

小倉競馬場では、やはり**準オープン、オープン特別、重賞**で良い成績を残している。成績が下がりつつあった2010年以降でも「4-6-5-7」の成績で、勝率18.2％、複勝率68.2％、単勝回収値**107**、複勝回収値**158**と、非常に高い数値となっている。2013年は「3-2-1-2」で、勝率は37.5％、複勝率75.0％、単勝回収値はナント**233**を記録した。

さらに小倉競馬場では、**社台系の馬**に騎乗したときも要チェックだ。武豊と社台の関係は色々と言われてはいるが、小倉に関していえば、近年でもかなり良い成績を残している。

特にクラブ系馬主の**サンデーレーシング**、**社台レースホース**、**GⅠレーシング**、そして社台とつながりの深い**キャロットファーム**の所有馬に騎乗したときには注目したい。

上記4馬主をあわせた成績は、2010年以降で「6-2-2-4」、勝率42.9％、複勝率71.4％、単勝回収値**171**、複勝回収値**110**と、馬券になる確率は高く、回収値も良い。

このように非常に相性の良い小倉競馬場だが、そのために過剰人

【小倉競馬場】

人気別成績

	1-2-3-4着以下数/戦	勝率	連対率	複勝率	回収値	
					単勝	複勝
1番人気	229-111-86-195/621	36.9%	54.8%	68.6%	71	83
2番人気	68-59-33-156/316	21.5%	40.2%	50.6%	82	77
3番人気	20-17-27-138/202	9.9%	18.3%	31.7%	56	61
4番人気	12-11-16-97/136	8.8%	16.9%	28.7%	64	69
5番人気	6-8-10-92/116	5.2%	12.1%	20.7%	55	53
6番人気	2-3-8-52/65	3.1%	7.7%	20.0%	61	61
7～9番人気	1-5-4-80/90	1.1%	6.7%	11.1%	16	51
10番人気～	1-1-4-23/29	3.4%	6.9%	20.7%	80	221
計	339-215-188-833/1575	21.5%	35.2%	47.1%	66	75

単勝オッズ別成績

	1-2-3-4着以下数/戦	勝率	連対率	複勝率	回収値	
					単勝	複勝
1.0～1.4	51-19-5-8/83	61.4%	84.3%	90.4%	79	96
1.5～1.9	82-25-28-48/183	44.8%	58.5%	73.8%	76	81
2.0～2.9	92-64-48-86/290	31.7%	53.8%	70.3%	74	89
3.0～3.9	40-32-20-111/203	19.7%	35.5%	45.3%	65	67
4.0～4.9	33-28-24-91/176	18.8%	34.7%	48.3%	81	83
5.0～6.9	22-20-21-137/200	11.0%	21.0%	31.5%	65	61
7.0～9.9	12-13-25-133/183	6.6%	13.7%	27.3%	55	69
10.0～14.9	4-10-9-96/119	3.4%	11.8%	19.3%	42	55
15.0～19.9	0-2-2-44/48	0.0%	4.2%	8.3%	0	29
20.0～29.9	3-1-2-54/60	5.0%	6.7%	10.0%	115	61
30.0～49.9	0-0-2-16/18	0.0%	0.0%	11.1%	0	97
50.0～99.9	0-1-2-7/10	0.0%	10.0%	30.0%	0	383
100.0～	0-0-0-2/2	0.0%	0.0%	0.0%	0	0

【小倉競馬場】

コース別成績

	1-2-3-4 着以下数 / 戦	勝率	連対率	複勝率	回収値	
					単勝	複勝
ダ 1000	29-20-15-69/133	21.8%	36.8%	48.1%	81	73
ダ 1700	65-48-30-157/300	21.7%	37.7%	47.7%	73	79
ダ 2400	1-1-0-2/4	25.0%	50.0%	50.0%	37	82
芝 1000	29-9-13-55/106	27.4%	35.8%	48.1%	84	69
芝 1200	100-65-51-245/461	21.7%	35.8%	46.9%	67	80
芝 1700	18-6-5-49/78	23.1%	30.8%	37.2%	78	57
芝 1800	55-35-40-135/265	20.8%	34.0%	49.1%	60	76
芝 2000	36-28-33-115/212	17.0%	30.2%	45.8%	40	70
芝 2600	6-3-1-6/16	37.5%	56.3%	62.5%	98	83

クラス別成績

	1-2-3-4 着以下数 / 戦	勝率	連対率	複勝率	回収値	
					単勝	複勝
新馬	49-25-31-98/203	24.1%	36.5%	51.7%	63	67
未勝利	121-64-56-275/516	23.4%	35.9%	46.7%	76	72
500 万下	109-83-62-288/542	20.1%	35.4%	46.9%	62	83
1000 万下	34-20-21-110/185	18.4%	29.2%	40.5%	56	63
1600 万下	7-8-3-11/29	24.1%	51.7%	62.1%	93	110
オープン	7-9-5-22/43	16.3%	37.2%	48.8%	41	72
GⅢ	11-6-10-29/56	19.6%	30.4%	48.2%	68	90
GⅡ	1-0-0-0/1	100.0%	100.0%	100.0%	120	110

条件別成績

	1-2-3-4 着以下数 / 戦	勝率	連対率	複勝率	回収値	
					単勝	複勝
牝馬限定	29-31-32-120/212	13.7%	28.3%	43.4%	39	69
ハンデ戦	23-13-20-60/116	19.8%	31.0%	48.3%	66	88
2 歳限定	73-45-36-156/310	23.5%	38.1%	49.7%	63	66
3 歳限定	102-50-54-234/440	23.2%	34.5%	46.8%	76	74
3 歳以上	145-104-81-400/730	19.9%	34.1%	45.2%	62	79
4 歳以上	19-16-17-43/95	20.0%	36.8%	54.7%	61	90

気になることも多いので注意したい。

単勝オッズに注目すると、1.4倍以内に支持された場合は勝率61.4%、複勝率90.4%であり、なかでも1000万下、準オープン、オープン特別、重賞では連対率100%となっている。つまり単勝1倍台前半にまで支持された馬には逆らえないのだ。

一方、1.5～1.9倍に支持された場合は、複勝率73.8%。1倍台後半なら80%の複勝率は期待したいところだが、73%程度ではやや物足りないだろう。

なかでも、特に注意しなければならないのは、**使いづめの馬だ。**休養明けから5戦以上を走っている馬の場合、勝率は37.5%と、いまひとつ勝ち切れていない（複勝率は72.9%）。単勝や馬単、3連単などアタマで狙うような馬券を購入する際には慎重に検討したいところだ。

武豊馬券の鉄則⑫—小倉競馬場

◎準オープン、オープン特別、重賞は買い!!

◎社台系クラブ馬主＆キャロットF所有馬を狙え!

×単勝オッズ1倍台後半以上は、5戦以上の使いづめに注意!

⑬中京競馬場

コース＆距離に最善の注意を払え!

2012年にリニューアルオープンした中京競馬場は、直線が400m以上となり、急坂が設けられ、大きい競馬場として生まれ変わった。その新装後の競馬場で、武豊はダート1200～1400mは苦戦し、1800mは好調だ。芝コースは1200～1600mで苦戦し、2000～2200mでは良い成績をあげている。つまり**短距離よりも中長距離が買い**だ。

ちなみに、ダ1800mと芝2000m/2200mのトータルの成績は「14-11-4-34」で勝率22.2%、複勝率46.0%、単勝回収値152、複勝回収値103。一方、ダート1200～1400m、芝1200～1600mの成績は「4-12-3-76」で、勝率4.2%、複勝率20.0%、単勝回収値34、複勝回収値49。また、**2012年から13度、重賞に騎乗しているが、一度も3着以内がない**ので注意してほしい。

武豊馬券の鉄則⑬—中京競馬場

◎ダート1800m、芝2000～2200mで買い!

×ただし、重賞では割引!

【中京競馬場】

人気別成績

	1-2-3-4 着以下数 / 戦	勝率	連対率	複勝率	回収値	
					単勝	複勝
1 番人気	6-8-3-19/36	16.7%	38.9%	47.2%	40	60
2 番人気	3-4-2-14/23	13.0%	30.4%	39.1%	51	70
3 番人気	3-5-1-15/24	12.5%	33.3%	37.5%	82	73
4 番人気	4-2-0-7/13	30.8%	46.2%	46.2%	370	151
5 番人気	1-2-0-12/15	6.7%	20.0%	20.0%	70	69
6 番人気	0-1-0-9/10	0.0%	10.0%	10.0%	0	41
7 ～ 9 番人気	0-1-0-25/26	0.0%	3.8%	3.8%	0	19
10 番人気～	1-0-1-11/13	7.7%	7.7%	15.4%	182	133
計	18-23-7-112/160	11.3%	25.6%	30.0%	80	70

単勝オッズ別成績

	1-2-3-4 着以下数 / 戦	勝率	連対率	複勝率	回収値	
					単勝	複勝
1.0 ～ 1.4	0-1-0-0/1	0.0%	100.0%	100.0%	0	110
1.5 ～ 1.9	2-0-0-4/6	33.3%	33.3%	33.3%	55	36
2.0 ～ 2.9	3-6-3-4/16	18.8%	56.3%	75.0%	48	93
3.0 ～ 3.9	3-2-0-13/18	16.7%	27.8%	27.8%	60	46
4.0 ～ 4.9	2-2-1-10/15	13.3%	26.7%	33.3%	59	56
5.0 ～ 6.9	1-5-2-14/22	4.5%	27.3%	36.4%	26	71
7.0 ～ 9.9	3-2-0-12/17	17.6%	29.4%	29.4%	161	70
10.0 ～ 14.9	2-4-0-16/22	9.1%	27.3%	27.3%	95	85
15.0 ～ 19.9	1-0-0-8/9	11.1%	11.1%	11.1%	218	90
20.0 ～ 29.9	1-0-0-18/19	5.3%	5.3%	5.3%	124	41
30.0 ～ 49.9	0-1-1-7/9	0.0%	11.1%	22.2%	0	162
50.0 ～	0-0-0-6/6	0.0%	0.0%	0.0%	0	0

集計期間：2012 年 3 月～ 2013 年終了時点

【中京競馬場】

コース別成績

	1-2-3-4 着以下数 / 戦	勝率	連対率	複勝率	回収値	
					単勝	複勝
ダ 1200	0-1-0-12/13	0.0%	7.7%	7.7%	0	13
ダ 1400	1-1-1-17/20	5.0%	10.0%	15.0%	9	19
ダ 1800	7-3-2-16/28	25.0%	35.7%	42.9%	191	97
ダ 1900	0-0-0-2/2	0.0%	0.0%	0.0%	0	0
芝 1200	1-0-0-13/14	7.1%	7.1%	7.1%	169	55
芝 1400	1-5-1-19/26	3.8%	23.1%	26.9%	10	45
芝 1600	1-5-1-15/22	4.5%	27.3%	31.8%	20	99
芝 2000	4-6-1-12/23	17.4%	43.5%	47.8%	109	100
芝 2200	3-2-1-6/12	25.0%	41.7%	50.0%	140	122

クラス別成績

	1-2-3-4 着以下数 / 戦	勝率	連対率	複勝率	回収値	
					単勝	複勝
新馬	2-1-1-10/14	14.3%	21.4%	28.6%	51	36
未勝利	11-10-2-33/56	19.6%	37.5%	41.1%	161	100
500 万下	3-8-3-39/53	5.7%	20.8%	26.4%	31	65
1000 万下	1-2-1-13/17	5.9%	17.6%	23.5%	25	45
1600 万下	1-1-0-4/6	16.7%	33.3%	33.3%	165	116
オープン	0-1-0-0/1	0.0%	100.0%	100.0%	0	140
GⅢ・GⅡ・GⅠ	0-0-0-13/13	0.0%	0.0%	0.0%	0	0

条件別成績

	1-2-3-4 着以下数 / 戦	勝率	連対率	複勝率	回収値	
					単勝	複勝
牝馬限定	4-2-0-18/24	16.7%	25.0%	25.0%	124	65
ハンデ戦	0-1-0-13/14	0.0%	7.1%	7.1%	0	17
2 歳限定	2-6-2-15/25	8.0%	32.0%	40.0%	28	62
3 歳限定	11-5-1-30/47	23.4%	34.0%	36.2%	192	97
3 歳以上	3-10-4-54/71	4.2%	18.3%	23.9%	14	60
4 歳以上	2-2-0-13/17	11.8%	23.5%	23.5%	119	45

集計期間：2012年3月～ 2013年終了時点

⑭福島競馬場

連対を外さない条件あり!

武豊は福島競馬場での騎乗機会が一番少なく、これまでに54鞍しか騎乗していないが、遠征したときには以下のポイントが大事だ。

まずは人気。これまで13勝だが、その全てが3番人気以内での勝利だった。**1番人気**では8勝、勝率は53.3%、複勝率は80.0%である。

さらに、単勝オッズも気にしておきたい。**単勝オッズ1.9倍以内の成績は「4-3-0-0」で、連対率100%。**圧倒的に支持された馬に騎乗している場合は、逆らわないほうが良いということだ。逆に10倍以上の人気薄ならほとんど期待できないので、割引いて良い。

また当然、福島競馬場では関東馬の騎乗が多いが、人気に注目だ。**関東馬で2番人気以内**なら「6-3-2-2」で、複勝率は84.6%と高確率で馬券になっている。

2012年4月21日の開催では、約6年ぶりに福島で騎乗したが、重賞で騎乗したアカンサスは2番人気で3着。1番人気では2度騎乗があり、1着1回、2着1回と堅実に連対。データどおり人気サイドでは堅実な成績を残している。

武豊馬券の鉄則⑭―福島競馬場

◎1番人気で買い!

◎関東馬の2番人気以内も買い!

×単勝オッズ10倍以上は割引!

【福島競馬場】

人気別成績

	1-2-3-4 着以下数 / 戦	勝率	連対率	複勝率	回収値	
					単勝	複勝
1 番人気	8-4-0-3/15	53.3%	80.0%	80.0%	117	103
2 番人気	2-1-2-5/10	20.0%	30.0%	50.0%	68	80
3 番人気	3-1-0-6/10	30.0%	40.0%	40.0%	161	70
4 番人気	0-0-4-5/9	0.0%	0.0%	44.4%	0	78
5 番人気	0-1-0-3/4	0.0%	25.0%	25.0%	0	52
6 番人気	0-1-0-2/3	0.0%	33.3%	33.3%	0	150
7 番人気～	0-0-0-3/3	0.0%	0.0%	0.0%	0	0
計	13-8-6-27/54	24.1%	38.9%	50.0%	75	82

単勝オッズ別成績

	1-2-3-4 着以下数 / 戦	勝率	連対率	複勝率	回収値	
					単勝	複勝
1.0 ～ 1.4	2-1-0-0/3	66.7%	100.0%	100.0%	93	106
1.5 ～ 1.9	2-2-0-0/4	50.0%	100.0%	100.0%	92	112
2.0 ～ 2.9	3-1-0-2/6	50.0%	66.7%	66.7%	121	91
3.0 ～ 3.9	3-1-1-5/10	30.0%	40.0%	50.0%	100	80
4.0 ～ 4.9	1-0-0-2/3	33.3%	33.3%	33.3%	133	56
5.0 ～ 6.9	1-1-4-4/10	10.0%	20.0%	60.0%	54	109
7.0 ～ 9.9	1-1-0-4/6	16.7%	33.3%	33.3%	121	71
10.0 ～ 14.9	0-0-1-5/6	0.0%	0.0%	16.7%	0	26
15.0 ～ 19.9	0-0-0-4/4	0.0%	0.0%	0.0%	0	0
20.0 ～	0-1-0-1/2	0.0%	50.0%	50.0%	0	225

【福島競馬場】

コース別成績

	1-2-3-4 着以下数 / 戦	勝率	連対率	複勝率	回収値	
					単勝	複勝
ダ 1000	1-0-1-1/3	33.3%	33.3%	66.7%	60	80
ダ 1150	0-1-0-1/2	0.0%	50.0%	50.0%	0	55
ダ 1700	2-2-2-7/13	15.4%	30.8%	46.2%	34	73
芝 1000	1-0-0-0/1	100.0%	100.0%	100.0%	340	140
芝 1200	3-1-1-9/14	21.4%	28.6%	35.7%	70	60
芝 1700	2-0-0-0/2	100.0%	100.0%	100.0%	245	130
芝 1800	2-4-2-2/10	20.0%	60.0%	80.0%	47	148
芝 2000	2-0-0-5/7	28.6%	28.6%	28.6%	161	55
芝 2600	0-0-0-2/2	0.0%	0.0%	0.0%	0	0

クラス別成績

	1-2-3-4 着以下数 / 戦	勝率	連対率	複勝率	回収値	
					単勝	複勝
新馬	0-0-0-1/1	0.0%	0.0%	0.0%	0	0
未勝利	5-4-2-11/22	22.7%	40.9%	50.0%	52	83
500 万下	3-2-2-10/17	17.6%	29.4%	41.2%	50	61
1000 万下	3-1-1-3/8	37.5%	50.0%	62.5%	113	95
1600 万下	0-0-0-1/1	0.0%	0.0%	0.0%	0	0
オープン	0-0-0-0/0	0.0%	0.0%	0.0%	0	0
GⅢ	2-1-1-1/5	40.0%	60.0%	80.0%	226	156

条件別成績

	1-2-3-4 着以下数 / 戦	勝率	連対率	複勝率	回収値	
					単勝	複勝
牝馬限定	4-1-2-3/10	40.0%	50.0%	70.0%	98	105
ハンデ戦	4-1-1-4/10	40.0%	50.0%	60.0%	181	99
2 歳限定	0-0-0-1/1	0.0%	0.0%	0.0%	0	0
3 歳限定	6-5-4-17/32	18.8%	34.4%	46.9%	40	75
3 歳以上	3-2-0-3/8	37.5%	62.5%	62.5%	170	105
4 歳以上	4-1-2-6/13	30.8%	38.5%	53.8%	106	90

⑮新潟競馬場

長い直線が凶と出るか？ 吉と出るか？

新潟競馬場は2001年に新装され、日本で最も長い直線のある競馬場となった。その直線の長さから、騎手の仕掛けどころが難しいと言われる競馬場だが、さて武豊はどうか？

まずダートは、1200mと1800mをあわせて6勝しているが、これらは全て1番人気でのものだ。2番人気以下では1勝もできてなく、回収値は低いので単複馬券には向かない。1番人気は勝率**54.5%**、複勝率**81.8%**と堅実なので、軸として活用するのがベストだ。

新潟競馬場の芝コースは、直線が659mある外回りと、359mの内回り、そして直線1000mがある。武豊は概ね芝コースでは良い成績を残しているが、その中でも**外回り**が特に良い。

外回りコースでは通算して、勝率22.5%、複勝率45.0%。**良馬場**ならさらに良く、勝率**31.0%**、複勝率**48.3%**、単勝回収値は**153**！重賞では2011年の新潟記念で、ナリタクリスタル（5番人気）で勝利している。武豊が新潟へ遠征することはあまりないが、芝・外回りコースで騎乗する際には要チェックだ。

武豊馬券の鉄則⑮—新潟競馬場

◎芝・外回り（良馬場）は何がなんでも買い！

◎ダートは1番人気なら軸で買い！

【新潟競馬場】

人気別成績

	1-2-3-4 着以下数 / 戦	勝率	連対率	複勝率	回収値	
					単勝	複勝
1 番人気	14-5-4-7/30	46.7%	63.3%	76.7%	87	91
2 番人気	5-0-2-9/16	31.3%	31.3%	43.8%	131	74
3 番人気	1-1-0-7/9	11.1%	22.2%	22.2%	60	53
4 番人気	1-3-0-8/12	8.3%	33.3%	33.3%	69	97
5 番人気	1-1-3-9/14	7.1%	14.3%	35.7%	58	93
6 番人気	0-0-1-7/8	0.0%	0.0%	12.5%	0	45
7 ～ 9 番人気	1-1-0-11/13	7.7%	15.4%	15.4%	116	61
10 番人気～	0-0-0-4/4	0.0%	0.0%	0.0%	0	0
計	23-11-10-62/106	21.7%	32.1%	41.5%	79	76

単勝オッズ別成績

	1-2-3-4 着以下数 / 戦	勝率	連対率	複勝率	回収値	
					単勝	複勝
1.0 ～ 1.4	2-1-0-1/4	50.0%	75.0%	75.0%	65	82
1.5 ～ 1.9	8-1-3-1/13	61.5%	69.2%	92.3%	105	104
2.0 ～ 2.9	6-3-2-2/13	46.2%	69.2%	84.6%	117	111
3.0 ～ 3.9	0-0-0-6/6	0.0%	0.0%	0.0%	0	0
4.0 ～ 4.9	1-0-0-5/6	16.7%	16.7%	16.7%	70	33
5.0 ～ 6.9	3-1-1-10/15	20.0%	26.7%	33.3%	111	72
7.0 ～ 9.9	2-4-1-8/15	13.3%	40.0%	46.7%	110	127
10.0 ～ 14.9	0-1-2-9/12	0.0%	8.3%	25.0%	0	70
15.0 ～ 19.9	1-0-1-8/10	10.0%	10.0%	20.0%	151	88
20.0 ～ 29.9	0-0-0-5/5	0.0%	0.0%	0.0%	0	0
30.0 ～	0-0-0-7/7	0.0%	0.0%	0.0%	0	0

集計期間：2001 年 7 月～ 2013 年終了時点

【新潟競馬場】

コース別成績

	1-2-3-4着以下数/戦	勝率	連対率	複勝率	回収値	
					単勝	複勝
ダ1200	3-1-2-8/14	21.4%	28.6%	42.9%	35	66
ダ1800	3-2-3-12/20	15.0%	25.0%	40.0%	36	75
芝1000	1-0-0-3/4	25.0%	25.0%	25.0%	105	50
芝1200	1-1-0-3/5	20.0%	40.0%	40.0%	44	70
芝1400	3-1-2-8/14	21.4%	28.6%	42.9%	77	68
芝1600外	4-2-1-10/17	23.5%	35.3%	41.2%	90	63
芝1800外	3-4-2-8/17	17.6%	41.2%	52.9%	115	127
芝2000	1-0-0-1/2	50.0%	50.0%	50.0%	270	120
芝2000外	2-0-0-4/6	33.3%	33.3%	33.3%	161	65
芝2200	2-0-0-3/5	40.0%	40.0%	40.0%	92	48
芝2400	0-0-0-2/2	0.0%	0.0%	0.0%	0	0

クラス別成績

	1-2-3-4着以下数/戦	勝率	連対率	複勝率	回収値	
					単勝	複勝
新馬	0-0-1-9/10	0.0%	0.0%	10.0%	0	36
未勝利	6-1-2-17/26	23.1%	26.9%	34.6%	115	78
500万下	6-4-4-16/30	20.0%	33.3%	46.7%	56	86
1000万下	4-2-3-12/21	19.0%	28.6%	42.9%	52	64
1600万下	1-1-0-2/4	25.0%	50.0%	50.0%	37	52
オープン	3-2-0-2/7	42.9%	71.4%	71.4%	160	122
GⅢ	2-1-0-4/7	28.6%	42.9%	42.9%	158	80
GⅠ	1-0-0-0/1	100.0%	100.0%	100.0%	220	110

条件別成績

	1-2-3-4着以下数/戦	勝率	連対率	複勝率	回収値	
					単勝	複勝
牝馬限定	3-1-1-8/13	23.1%	30.8%	38.5%	40	66
ハンデ戦	4-1-2-8/15	26.7%	33.3%	46.7%	87	66
2歳限定	2-1-1-15/19	10.5%	15.8%	21.1%	18	38
3歳限定	6-1-2-13/22	27.3%	31.8%	40.9%	139	92
3歳以上	15-9-7-34/65	23.1%	36.9%	47.7%	76	81
4歳以上	0-0-0-0/0	0.0%	0.0%	0.0%	0	0

集計期間：2001年7月～2013年終了時点

⑯札幌競馬場

芝2千の激走に注目!

次に札幌競馬場の武豊の成績を見ていこう。

札幌開催といえば、やはり「札幌記念」を思い浮かべる人が多いだろうが、武豊はこのレースをエアグルーヴで連覇、その他、ファインモーションやアドマイヤムーンなどで計8勝もしている(2013年は函館で行われたので、札幌競馬場での札幌記念は7勝となる)。

勝つ可能性の高い有力馬に騎乗するのだから、好成績になるのは当然だが、この競馬場を研究し、熟知しているからこその結果なのだろう。

それを物語っているのが、芝2000mの成績だ。勝率、複勝率とも他のコースより数段高い。なお、単勝回収値は低いが、複勝回収値は100%を超えている。

さらに凄いのが、このコースでの1番人気での成績である。

●芝2000m・1番人気(11-2-1-2)
→勝率68.8%　複勝率87.5%　単勝回収値128　複勝回収値101

勝率が70%近くあり、単勝回収値もプラスだ。さらに、3着以内には90%近くの確率で来ている。文句なく抜群の成績である。

芝2000mで**1番人気**に支持されたら必ず買いだ。

また、武豊は小倉を夏の主戦場としているが、わざわざ札幌まで遠征してくるのは、重賞で騎乗がある場合がほとんどだ。

その**重賞**での成績は、勝率**48.0%**、複勝率**68.0%**、単勝回収値**180**、複勝回収値**110**である。これは、札幌記念にかぎらず、他の重賞でもしかり。2010年のクイーンSを制したアプリコットフィズがこれに該当する。

【札幌競馬場】

人気別成績

	1-2-3-4 着以下数 / 戦	勝率	連対率	複勝率	回収値	
					単勝	複勝
1 番人気	59-29-27-34/149	39.6%	59.1%	77.2%	73	89
2 番人気	16-13-7-38/74	21.6%	39.2%	48.6%	84	71
3 番人気	4-9-4-40/57	7.0%	22.8%	29.8%	41	52
4 番人気	3-3-2-22/30	10.0%	20.0%	26.7%	69	63
5 番人気	1-1-3-11/16	6.3%	12.5%	31.3%	79	84
6 番人気	2-1-2-8/13	15.4%	23.1%	38.5%	199	136
7 ～ 9 番人気	1-1-0-17/19	5.3%	10.5%	10.5%	105	65
10 番人気～	0-0-0-2/2	0.0%	0.0%	0.0%	0	0
計	86-57-45-172/360	23.9%	39.7%	52.2%	76	77

単勝オッズ別成績

	1-2-3-4 着以下数 / 戦	勝率	連対率	複勝率	回収値	
					単勝	複勝
1.0 ～ 1.4	14-6-8-6/34	41.2%	58.8%	82.4%	51	82
1.5 ～ 1.9	26-9-10-6/51	51.0%	68.6%	88.2%	86	99
2.0 ～ 2.9	18-16-8-14/56	32.1%	60.7%	75.0%	76	91
3.0 ～ 3.9	11-8-3-27/49	22.4%	38.8%	44.9%	76	64
4.0 ～ 4.9	4-5-4-23/36	11.1%	25.0%	36.1%	49	63
5.0 ～ 6.9	6-6-6-32/50	12.0%	24.0%	36.0%	69	64
7.0 ～ 9.9	3-2-4-31/40	7.5%	12.5%	22.5%	57	53
10.0 ～ 14.9	3-4-2-13/22	13.6%	31.8%	40.9%	175	125
15.0 ～ 19.9	0-0-0-7/7	0.0%	0.0%	0.0%	0	0
20.0 ～ 29.9	1-1-0-10/12	8.3%	16.7%	16.7%	166	104
30.0 ～	0-0-0-3/3	0.0%	0.0%	0.0%	0	0

【札幌競馬場】

コース別成績

	1-2-3-4 着以下数 / 戦	勝率	連対率	複勝率	回収値	
					単勝	複勝
ダ 1000	20-11-5-28/64	31.3%	48.4%	56.3%	71	73
ダ 1700	23-16-14-49/102	22.5%	38.2%	52.0%	79	74
芝 1000	2-6-3-2/13	15.4%	61.5%	84.6%	29	103
芝 1200	16-6-6-35/63	25.4%	34.9%	44.4%	89	70
芝 1500	2-3-1-11/17	11.8%	29.4%	35.3%	27	41
芝 1800	8-10-8-27/53	15.1%	34.0%	49.1%	96	85
芝 2000	12-5-4-12/33	36.4%	51.5%	63.6%	69	106
芝 2600	3-0-4-8/15	20.0%	20.0%	46.7%	64	72

クラス別成績

	1-2-3-4 着以下数 / 戦	勝率	連対率	複勝率	回収値	
					単勝	複勝
新馬	10-12-7-17/46	21.7%	47.8%	63.0%	48	71
未勝利	26-15-12-40/93	28.0%	44.1%	57.0%	63	80
500 万下	26-18-14-76/134	19.4%	32.8%	43.3%	75	63
1000 万下	10-9-10-25/54	18.5%	35.2%	53.7%	81	103
1600 万下	1-0-0-1/2	50.0%	50.0%	50.0%	70	55
オープン	1-0-0-5/6	16.7%	16.7%	16.7%	46	18
GⅢ	7-2-2-7/18	38.9%	50.0%	61.1%	189	114
GⅡ	5-1-0-1/7	71.4%	85.7%	85.7%	155	100

条件別成績

	1-2-3-4 着以下数 / 戦	勝率	連対率	複勝率	回収値	
					単勝	複勝
牝馬限定	5-5-9-19/38	13.2%	26.3%	50.0%	26	65
ハンデ戦	7-2-6-12/27	25.9%	33.3%	55.6%	70	115
2 歳限定	21-16-9-32/78	26.9%	47.4%	59.0%	76	74
3 歳限定	19-12-10-34/75	25.3%	41.3%	54.7%	62	81
3 歳以上	46-29-26-106/207	22.2%	36.2%	48.8%	81	77

2011年、2012年は騎乗機会がなく、2013年はスタンド改修工事のため札幌では開催が行われなかったので、近年のデータはないが、2014年には札幌競馬場がグランドオープン。

武豊が札幌競馬場に遠征した時には、是非、芝2000mと重賞に注目してほしい。

武豊馬券の鉄則⑯―札幌競馬場

◎芝2000mは絶対に買い!

◎重賞も買い!

⑰函館競馬場

ベタ買いすると、どうなるか？

本章の最後では、函館競馬場を見てみよう。

函館での武豊といえば、2013年に函館記念、札幌記念（札幌競馬場改修工事のため函館で開催）を連勝したトウケイヘイローの活躍が記憶に新しいが、何を隠そう、この函館競馬場が、**馬券的には一番オイシイ。**

デビューからの函館競馬場での全成績は勝率24.1％、複勝率51.0％と他の競馬場とほとんど変わりないが、単勝回収値が**110**。つまり、単勝ベタ買いでも**プラス収支**となる競馬場なのである。

なかでも、5～8番人気という中穴での勝利が多く、2～3番人気でも勝率は高い。そのため、回収値が高くなっているのだ。

収支を上げるためには**「8番人気以内」「単勝オッズ3倍以上」**を目安に狙いを絞ってほしい。単勝オッズ2.9倍以内は、勝率、複勝率ともに高いが、配当がそれに見合うものではなく、回収値も70～80と低いので、単勝や複勝を買うのはオススメできない。

また、コースでは、**芝2000～2600m**が特に良い成績となっているので要チェックだ！　勝率は40％前後、複勝率は65％を超えており、単勝、複勝とも回収値は100を超えている。

実際、2013年はこのコースで5鞍騎乗があって、全て1着。2012年は1鞍の騎乗だけだったが、6番人気で勝っている。

函館芝2000～2600mで騎乗があれば、間違いなく買いだ。

これは是非、覚えておいてほしい。

また、**500万下～1000万下**のクラスでは、勝率**約30％**、回収値**約150**となかなか良い。また、このクラスで2番人気以内に支持されれば複勝率は70％を超えており、人気サイドの信頼度も抜群だ。

【函館競馬場】

人気別成績

	1-2-3-4 着以下数 / 戦	勝率	連対率	複勝率	回収値	
					単勝	複勝
1 番人気	25-11-11-24/71	35.2%	50.7%	66.2%	74	82
2 番人気	17-10-11-18/56	30.4%	48.2%	67.9%	110	89
3 番人気	9-7-5-17/38	23.7%	42.1%	55.3%	124	98
4 番人気	0-3-3-15/21	0.0%	14.3%	28.6%	0	69
5 番人気	3-1-1-15/20	15.0%	20.0%	25.0%	168	71
6 番人気	2-1-0-13/16	12.5%	18.8%	18.8%	228	60
7 ～ 9 番人気	2-0-1-14/17	11.8%	11.8%	17.6%	205	82
10 番人気～	0-0-0-2/2	0.0%	0.0%	0.0%	0	0
計	58-33-32-118/241	24.1%	37.8%	51.0%	110	82

単勝オッズ別成績

	1-2-3-4 着以下数 / 戦	勝率	連対率	複勝率	回収値	
					単勝	複勝
1.0 ～ 1.4	6-1-5-0/12	50.0%	58.3%	100.0%	68	105
1.5 ～ 1.9	8-2-0-6/16	50.0%	62.5%	62.5%	81	70
2.0 ～ 2.9	11-7-8-12/38	28.9%	47.4%	68.4%	72	85
3.0 ～ 3.9	11-7-6-12/36	30.6%	50.0%	66.7%	105	91
4.0 ～ 4.9	9-4-4-12/29	31.0%	44.8%	58.6%	138	93
5.0 ～ 6.9	6-7-4-12/29	20.7%	44.8%	58.6%	121	103
7.0 ～ 9.9	1-4-2-24/31	3.2%	16.1%	22.6%	28	57
10.0 ～ 14.9	4-1-1-18/24	16.7%	20.8%	25.0%	223	72
15.0 ～ 19.9	0-0-1-13/14	0.0%	0.0%	7.1%	0	32
20.0 ～ 29.9	2-0-1-4/7	28.6%	28.6%	42.9%	608	178
30.0 ～ 49.9	0-0-0-4/4	0.0%	0.0%	0.0%	0	0
50.0 ～	0-0-0-1/1	0.0%	0.0%	0.0%	0	0

【函館競馬場】

コース別成績

	1-2-3-4 着以下数 / 戦	勝率	連対率	複勝率	回収値	
					単勝	複勝
ダ 1000	7-5-6-16/34	20.6%	35.3%	52.9%	90	73
ダ 1700	13-6-5-32/56	23.2%	33.9%	42.9%	116	70
芝 1000	1-1-2-9/13	7.7%	15.4%	30.8%	11	20
芝 1200	14-8-7-30/59	23.7%	37.3%	49.2%	92	81
芝 1700	3-1-1-2/7	42.9%	57.1%	71.4%	354	144
芝 1800	4-5-9-17/35	11.4%	25.7%	51.4%	35	95
芝 2000	14-6-1-10/31	45.2%	64.5%	67.7%	219	108
芝 2600	2-1-1-2/6	33.3%	50.0%	66.7%	166	111

クラス別成績

	1-2-3-4 着以下数 / 戦	勝率	連対率	複勝率	回収値	
					単勝	複勝
新馬	4-5-3-15/27	14.8%	33.3%	44.4%	23	70
未勝利	16-9-9-36/70	22.9%	35.7%	48.6%	100	73
500 万下	24-12-10-41/87	27.6%	41.4%	52.9%	143	93
1000 万下	9-4-4-13/30	30.0%	43.3%	56.7%	165	93
1600 万下	1-0-0-1/2	50.0%	50.0%	50.0%	125	70
オープン	1-2-3-5/11	9.1%	27.3%	54.5%	31	67
GⅢ	2-1-3-5/11	18.2%	27.3%	54.5%	61	79
GⅡ	1-0-0-0/1	100.0%	100.0%	100.0%	340	180

条件別成績

	1-2-3-4 着以下数 / 戦	勝率	連対率	複勝率	回収値	
					単勝	複勝
牝馬限定	3-3-6-13/25	12.0%	24.0%	48.0%	64	98
ハンデ戦	4-1-2-5/12	33.3%	41.7%	58.3%	145	90
2 歳限定	9-7-8-18/42	21.4%	38.1%	57.1%	46	80
3 歳限定	13-7-7-34/61	21.3%	32.8%	44.3%	101	70
3 歳以上	36-19-17-66/138	26.1%	39.9%	52.2%	134	88

なお、新馬戦は全27回騎乗で、**4勝のみ**と勝ちきれていない。しかも回収値は23なので、**新馬の単勝馬券**は地雷と思って良いだろう。

以上、函館競馬場の成績を見たが、2013年の成績は「7-1-2-7」。勝率41.2%、複勝率58.8%、単勝回収値**273**、複勝回収値**146**と驚異的な数値を叩きだしている。

函館競馬場ではベタ買いでも儲かるのだ。

武豊馬券の鉄則⑰―函館競馬場

◎ベタ買いでもプラス!

◎芝2000m ～ 2600mは絶対買い!

×新馬戦には手を出すな!

PART 3

「厩舎」で分かる 武豊の買い時・消し時

◎

⑱池江泰寿――同級生コンビの隠された秘密とは?

㉑五十嵐忠男――こんな条件は、すべて買い!

㉒石坂正――何がなんでも馬齢に注目!

㉓小島太――数少ないなじみの関東厩舎

㉔河内洋――兄弟子のために結果を残すか?

㉚須貝尚介――売り出し中の厩舎との相性は?

●番外編――藤原英昭、安田隆行、矢作芳人、藤沢和雄

⑱池江泰寿厩舎

同級生コンビの隠された秘密とは？

この章では、各厩舎管理馬での成績を分析していく。

「武豊＆○○調教師」や**「武豊・○○調教師コンビ」**などといった、表現を使うのであらかじめご承知いただきたい。

なお、この章では、武豊の騎乗機会が30回以上ある現役の厩舎をとりあげ、過去5年（2009年～2013年終了時点）のデータに基づいて分析するものとする。

さて、武豊騎手と○○厩舎といえば、やはり同級生でもある「池江泰寿《やすとし》」との成績が一番気になるところだろう。

武豊と池江泰寿は、昭和44年生まれの同級生で栗東育ち。小学校・中学校も一緒で、小さいころからよく遊ぶ仲だったらしい。

そんな同級生コンビの「1着-2着-3着-4着以下」の成績（着別度数）は「18-6-6-30」で、勝率**30.0%**、複勝率**50.0%**、単勝回収値は**116**、複勝回収値は**87**と、非常に優秀だ。

武豊＆現役調教師の成績の中では、勝率1位、複勝率は2位と、もっとも安定している。単勝回収値がプラスになっていることも素晴らしい。

アメリカやドバイのビッグレースに挑戦したトレイルブレイザーでは、武豊が手綱を取った。やはり、幼なじみだからこその信頼関係があるのだろう。とはいえ、社台をはじめとする馬主との関係があるので、全てを武豊に任せるわけにはいかないだろうが、このコンビは是非覚えておきたい。

人気別データからは、やはり人気サイドでの騎乗がほとんどだが、**1番人気**で勝率**40.0%**、2番人気でも勝率**40.0%**とよく勝っている。とくに**単勝オッズ1倍台**に支持されれば「7-0-1-1」で、勝率

【池江泰寿厩舎】

人気別成績

	1-2-3-4 着以下数 / 戦	勝率	連対率	複勝率	回収値	
					単勝	複勝
1 番人気	10-3-2-10/25	40.0%	52.0%	60.0%	82	73
2 番人気	4-2-2-2/10	40.0%	60.0%	80.0%	151	136
3 番人気	2-1-0-4/7	28.6%	42.9%	42.9%	151	82
4 番人気	0-0-1-3/4	0.0%	0.0%	25.0%	0	80
5 番人気	2-0-0-6/8	25.0%	25.0%	25.0%	291	77
6 番人気	0-0-0-0/0	0.0%	0.0%	0.0%	0	0
7 ～ 9 番人気	0-0-1-4/5	0.0%	0.0%	20.0%	0	110
10 番人気～	0-0-0-1/1	0.0%	0.0%	0.0%	0	0
計	18-6-6-30/60	30.0%	40.0%	50.0%	116	87

クラス別成績

	1-2-3-4 着以下数 / 戦	勝率	連対率	複勝率	回収値	
					単勝	複勝
新馬	1-0-1-1/3	33.3%	33.3%	66.7%	53	83
未勝利	0-1-0-7/8	0.0%	12.5%	12.5%	0	16
500 万下	5-1-0-7/13	38.5%	46.2%	46.2%	123	70
1000 万下	3-1-0-4/8	37.5%	50.0%	50.0%	106	75
1600 万下	4-1-2-2/9	44.4%	55.6%	77.8%	136	148
オープン	3-0-2-3/8	37.5%	37.5%	62.5%	146	102
GⅢ	1-2-0-2/5	20.0%	60.0%	60.0%	100	80
GⅡ	1-0-0-2/3	33.3%	33.3%	33.3%	483	83
GⅠ	0-0-1-2/3	0.0%	0.0%	33.3%	0	183

条件別成績

	1-2-3-4 着以下数 / 戦	勝率	連対率	複勝率	回収値	
					単勝	複勝
牝馬限定	3-1-1-9/14	21.4%	28.6%	35.7%	87	72
ハンデ戦	5-0-2-7/14	35.7%	35.7%	50.0%	142	92
2 歳限定	2-1-1-4/8	25.0%	37.5%	50.0%	38	61
3 歳限定	0-0-1-5/6	0.0%	0.0%	16.7%	0	91
3 歳以上	9-5-3-15/32	28.1%	43.8%	53.1%	96	80
4 歳以上	7-0-1-6/14	50.0%	50.0%	57.1%	255	117

集計期間：2009 年 1 月～ 2013 年終了時点

77.8%と高確率で勝利しているので、1着固定でもよいだろう。ただし、1着となるのは5番人気までというデータがあるので、狙えるのは人気サイドだと思ってほしい。

その他の点に注目すると、2歳戦や3歳戦よりも、「3歳以上」「4歳以上」というクラシック戦線とは無縁の、古馬のレースで成績が良い。

●3歳以上または4歳以上のレース・5番人気以内（16-5-4-16）
→勝率39.0%　複勝率61.0%　単勝回収値162　複勝回収値102

近年の池江厩舎は、クラシック路線を歩む期待馬には、馬主の意向からか、外国人や福永、池添を乗せることが多いので、武豊への騎乗依頼は少ない。最近ではダノンバラード（2011年皐月賞3着）ぐらいか。ちなみに、武豊＆池江泰寿コンビでGI勝ちはない。

しかし2013年は、将来を期待されている良血の2歳馬トーセンスターダム（馬主：島川隆哉、ノーザンファーム生産）に騎乗し、2戦2勝。2戦目では、クラシックの登竜門のひとつである京都2歳Sを圧倒的な1番人気に応えて勝利した。今後の動向に注目したい。

武豊馬券の鉄則⑱―池江厩舎

◎ベタ買いでも単勝プラス！

◎3歳以上／4歳以上のレースが買い！

⑲橋口弘次郎厩舎

狙い所はピンポイントにあり!

橋口弘次郎と武豊といえば、リーチザクラウン、ローズキングダムなどで活躍したコンビだ。どちらも年齢を重ねるにつれ尻すぼみの成績となった馬だが、武豊とのコンビで何度も馬券になった。

ローズキングダムは、2010年のジャパンカップを繰り上がりで勝利したことは、記憶に新しい。その後の騎乗ぶりなどから、社台との関係がどうこう言われているが、**社台系**の牧場（社台ファーム・ノーザンファームなど）の生産馬、馬主でいえば**サンデーレーシング**などの馬には、現在でも橋口厩舎ではそれなりに騎乗がある。2013年はローゼンガルテン（馬主サンデーレーシング・生産ノーザンファーム）に騎乗した。

なお、武豊が騎乗する橋口厩舎管理馬の3分の2以上が社台系の馬だ。ノーザンファーム生産馬の成績は「7-7-5-20」で、社台ファーム生産馬の成績は「5-6-5-18」。どちらも複勝率48％前後となっており、無視はできない存在だ。

橋口厩舎は、小牧太騎手を主戦として、起用することが多いが、小牧騎手はそれほど成績を残せていないので、武豊や外国人騎手、最近は川須騎手などの騎乗が多くなっている。

そんな武豊＆橋口コンビの成績は「18-17-15-58」で、勝率16.7％、複勝率46.3％、単勝回収値64、複勝回収値は79。馬券としては、けっして儲かるコンビではない。**6番人気以下**では「0-0-0-13」で一度も馬券になっていないし、人気サイドの信頼度が高いわけでもない。しかし、狙い所はピンポイントにある。

それは、**2歳限定戦や3歳限定戦**。先にあげた池江厩舎とは対照的に、古馬よりも若いうちが狙い目だ。6番人気以下を除けば、

【橋口弘次郎厩舎】

人気別成績

	1-2-3-4 着以下数 / 戦	勝率	連対率	複勝率	回収値	
					単勝	複勝
1 番人気	9-7-6-12/34	26.5%	47.1%	64.7%	53	77
2 番人気	6-1-5-8/20	30.0%	35.0%	60.0%	110	81
3 番人気	0-4-3-11/18	0.0%	22.2%	38.9%	0	73
4 番人気	2-2-1-8/13	15.4%	30.8%	38.5%	143	117
5 番人気	1-3-0-6/10	10.0%	40.0%	40.0%	105	146
6 番人気	0-0-0-3/3	0.0%	0.0%	0.0%	0	0
7～9 番人気	0-0-0-10/10	0.0%	0.0%	0.0%	0	0
10 番人気～	0-0-0-0/0	0.0%	0.0%	0.0%	0	0
計	18-17-15-58/108	16.7%	32.4%	46.3%	64	79

クラス別成績

	1-2-3-4 着以下数 / 戦	勝率	連対率	複勝率	回収値	
					単勝	複勝
新馬	4-1-1-2/8	50.0%	62.5%	75.0%	130	106
未勝利	6-7-6-8/27	22.2%	48.1%	70.4%	88	122
500 万下	3-4-2-16/25	12.0%	28.0%	36.0%	62	67
1000 万下	1-1-1-12/15	6.7%	13.3%	20.0%	18	24
1600 万下	0-0-1-1/2	0.0%	0.0%	50.0%	0	60
オープン	1-0-0-1/2	50.0%	50.0%	50.0%	160	55
GⅢ	1-1-1-5/8	12.5%	25.0%	37.5%	18	76
GⅡ	1-1-3-5/10	10.0%	20.0%	50.0%	30	74
GⅠ	1-2-0-8/11	9.1%	27.3%	27.3%	80	69

条件別成績

	1-2-3-4 着以下数 / 戦	勝率	連対率	複勝率	回収値	
					単勝	複勝
牝馬限定	2-1-1-1/5	40.0%	60.0%	80.0%	74	124
ハンデ戦	0-0-1-6/7	0.0%	0.0%	14.3%	0	15
2 歳限定	7-5-3-8/23	30.4%	52.2%	65.2%	73	95
3 歳限定	7-9-6-11/33	21.2%	48.5%	66.7%	106	133
3 歳以上	3-3-2-28/36	8.3%	16.7%	22.2%	40	35
4 歳以上	1-0-4-11/16	6.3%	6.3%	31.3%	17	42

集計期間：2009 年 1 月～ 2013 年終了時点

「14-14-9-13」で、勝率は28.0％、複勝率は74.0％に上昇する。単勝回収値は104、複勝回収値は132だが、さらに平場にかぎれば、

●2歳/3歳限定の平場・6番人気以下除く（11-8-8-7）
→勝率32.4％　複勝率79.4％　単勝回収値130　複勝回収値140

複勝率は80％近くまでアップし、単複回収値は130にまで達する。

なお、2歳/3歳限定でも、2011年のスプリングS（リフトザウイングス、3番人気15着）以降、重賞の騎乗はない。2012～2013年は、新馬・未勝利のみの騎乗で「3-5-1-4」で、勝率23.1％、複勝率69.2％、単勝回収値143、複勝回収値163と、安定して良い成績を残している。

武豊馬券の鉄則⑲―橋口厩舎

◎2歳／3歳限定の平場で買い！

×6番人気以下は消し！

⑳角居勝彦厩舎

世界のスミイも消しでOK！

角居厩舎で大活躍した馬で思い浮かぶのは、カネヒキリ、ウオッカ、ヴィクトワールピサだろう。当然のように武豊もこれらの馬に騎乗した。カネヒキリとウオッカでは多数のGIを勝利した。

そんな武豊＆角居の成績は「13-5-3-33」で、勝率24.1％、複勝率38.9％。複勝率はやや低めだが、勝率は高い。13勝全てが3番人気以内、単勝オッズでは4.9倍以内となっており、非常に人気サイドに偏っている成績だ。

ただ、近年は騎乗機会が**激減**。2013年の騎乗はわずか1回しかない。ここ3年の成績は「4-2-0-13」で、騎乗の大半は武豊騎手をひいきにしている「メイショウ」の冠名でおなじみの松本好雄氏の所有馬。武豊・角居・メイショウでの成績は「2-1-0-9」だが、連対した3度は2番人気以内となっており、**積極的に買える要素はない。**

武豊馬券の鉄則⑳—角居厩舎

×近年は騎乗機会が激減！

×騎乗あっても、買える要素なし！

㉑五十嵐忠男厩舎

こんな条件は、すべて買い!

1993年開業のベテラン、五十嵐忠男調教師は、GI勝ちは2005年の阪神JF（テイエムプリキュア、熊沢騎手騎乗）のみで、2013年の調教師リーディングでは32位（26勝）と比較的地味な印象だが、穴馬の好走に魅力がある厩舎である。重賞では、2008年フィリーズレビューの勝ち馬マイネレーツェル（11番人気、池添騎手騎乗）、2009年の日経新春杯の勝ち馬テイエムプリキュア（11番人気、荻野騎手騎乗）などの例がある。

武豊騎乗の成績は「6-5-3-21」で、勝率17.1％、複勝率40.0％、単勝回収値150、複勝回収値77。単勝回収値が非常に高い。

ただし、オープン特別・重賞では苦戦しているので、狙いは**条件戦**だ。未勝利から準オープンまでの成績は**「6-5-3-15」**で、勝率**20.7%**、複勝率**48.3%**、単勝回収値は**180**にもなっている。なお、2013年は500万下～1600万下のコアレスドラードの勝利やナムラマンジロウの未勝利勝ちなどで、勝率**36.4%**、単勝回収値はなんと**410**を記録した。これからも条件戦で狙っていきたいコンビである。

武豊馬券の鉄則㉑—五十嵐厩舎

◎未勝利～準オープンが買い!

◎穴馬の好走もあり、狙い目!

㉒石坂正厩舎

何がなんでも馬齢に注目!

武豊＆石坂正《せい》コンビの成績は「10-4-2-32」で、勝率20.8%、複勝率33.3%、単勝回収値125、複勝回収値67。穴馬は狙いにくく、7番人気以下での馬券絡みはない。ただし、**1番人気**にかぎると「5-2-1-1」で、複勝率88.9%と高確率で3着以内に来ており、信頼できる。重賞では、2011年京都新聞杯をクレスコグランドで、2012年のセントウルSはエピセアロームで勝っているが、非常にわかりやすい狙い目がある。

それは、馬券に絡んだ全てにおいて、**牡馬は2～4歳、牝馬は3歳のみ**となっている点である。2～4歳牡馬の成績は「8-3-0-17」で、勝率は28.6%、複勝率は39.3%。着外もけっこうあるが、単勝回収値は**146**と高い。3歳牝馬の成績は「2-1-2-1」で、勝率33.3%、複勝率83.3%。こちらも高確率で馬券になっており、当然単複ともプラス収支だ。

ちなみに、牡馬で5歳以上は「0-0-0-8」。石坂厩舎は馬齢に注意しよう。

武豊馬券の鉄則㉒—石坂厩舎

◎1番人気なら信頼!

◎牝馬なら3歳、牡馬は2～4歳が狙い目!

×5歳以上の牡馬は消し!

㉓小島太厩舎

数少ないなじみの関東厩舎

関東所属厩舎の中で、一番騎乗が多いのが小島太厩舎だ。

1997年～2009年までは、年に多くて10数回の騎乗だったが、2010年クイーンSのアプリコットフィズでの勝利以降、騎乗数が非常に多くなった。2010年の成績は「5-5-6-16」で、その翌年は「3-9-8-27」とそれなりの活躍を見せていたが、2012年は騎乗数は同程度にもかかわらず成績は「1-3-4-22」と下降線。2013年は「0-3-4-18」と、ついに0勝で終わってしまった。

2009年～2013年の5年間の成績をまとめると**「12-20-23-94」**で、勝率**8.1%**、複勝率36.9%、単勝回収値**32**（複勝回収値は88）と、まず**アタマでは狙えない**コンビである。全12勝のうち11勝が**2番人気以内かつ単勝オッズ4.9倍以内**。人気なら検討の余地はあるが、とにかく勝ちきれない。2歳戦においては、4番人気以下で「0-0-0-10」と馬券絡みはない。ただし、それ以外のレースでは、4番人気以下の穴馬を「1-6-6-50」と2～3着に持ってきているので注意が必要である。

武豊馬券の鉄則㉓—小島太厩舎

×勝ちきれない。2013年は勝ち星なし!

×2歳戦で4番人気以下は消し!

◎2歳戦以外では、4番人気以下の穴馬に注意!

㉔河内洋厩舎

兄弟子のために結果を残すか？

河内洋調教師は元騎手であり、当時、同じ厩舎（武田作十郎）に所属していた武豊の父・武邦彦の弟弟子。武豊本人もその厩舎に所属しデビューしたため、河内洋は武豊の兄弟子という関係になる。

このような深い間柄にあるため、厩舎開業時から年に10数回程度騎乗し、2013年は23回と多数の騎乗をしている。過去5年の全成績は「11-9-10-37」で、勝率16.4％、複勝率44.8％、単勝回収値86、複勝回収値78だが、**単勝6番人気以下**は連対がなく、穴馬はほとんど持ってきていない。重賞ではヤマニンキングリー（2011年シリウスS勝ち）の活躍があった程度だが、武豊＆河内洋コンビの馬券的な狙い目は**新馬、未勝利、500万下**の下級条件にある。

積極的に狙っていけるのは、新馬、未勝利、500万下（平場のみ）で**単勝4番人気以内**。この条件での成績は「10-3-7-12」で、勝率31.3％、複勝率62.5％、単勝回収値148、複勝回収値100と、安定して馬券に絡んでおり、回収値も非常に高い。これを単勝2番人気以内に絞れば、複勝率76.2％にも達する。

武豊馬券の鉄則㉔―河内厩舎

◎新馬、未勝利、500万下（平場のみ）の4番人気以内を狙え！

×6番人気以下は連対なし！

㉕松永昌博厩舎

この狙い撃ちで、コンスタントに回収！

河内洋厩舎と同様に、下級条件の人気サイドで狙えるのが 松永昌博厩舎だ。

過去5年の成績は「13-8-5-42」で、馬券になった26回のうち25回が**単勝4番人気以内**という、人気サイドに特化したデータとなっている。**5番人気以下**は「0-1-0-19」と連対が1度しかなく、基本的に消しでOKだ。

では、**新馬、未勝利、500万下（平場）**のレースで、**単勝4番人気以内**の成績はどうなっているかというと、「11-5-4-10」で、勝率36.7％、複勝率66.7％、単勝回収値141、複勝回収値100。河内洋厩舎と狙いどころも一緒で成績、回収値も似たような数値となっている。2013年は4勝しているが、この4勝は全て「新馬、未勝利、500万下（平場）」、かつ「単勝4番人気以内」の条件に該当している。

武豊馬券の鉄則㉕―松永昌厩舎

◎新馬、未勝利、500万下（平場のみ）の4番人気以内を狙え！

×5番人気以下は消しでOK！

㉖荒川義之厩舎

たとえ狙い所が難しくても…

荒川厩舎といえば、2012年の京都大賞典を制したメイショウカンパクがいるが、メイショウの松本好雄氏は荒川厩舎に多くの馬を委託している。松本好雄といえば、武豊をひいきにする馬主なので、「メイショウ－荒川－武豊」のラインが狙いか？ といえば、実はそうでもない。このラインの成績は「3-2-2-13」で、勝率15.0％、複勝率35.0％、単勝回収値50、複勝回収値63と、それなりに馬券になってはいるが、狙いどころが絞り難い。

そこで、注目すべき点は、「前走から騎手乗替わり」か「乗替わりなく武豊が騎乗」かを見ると良い。武豊＆荒川コンビの成績は「9-5-4-30」で、勝率18.8％、複勝率37.5％、単勝回収値85、複勝回収値72。このうち、**乗替わりがない場合**は「6-0-2-7」で、勝率40.0％と高い確率で勝っている。単勝回収値も146と高数値で、単勝馬券で狙える。もちろん「メイショウ」でも例外なく買いだ。

ただし、**7番人気以下**は3着以内がないので注意が必要だ。

武豊馬券の鉄則㉖—荒川厩舎

◎乗替わりがない場合は狙い!

×7番人気以下は消し

㉗長浜博之厩舎

意外なことにベタ買いでもプラス!

長浜厩舎といえば、アグネスフライト－タキオンの兄弟、その母アグネスフローラなどの歴史的名馬を輩出した名門厩舎だが、武豊とのコンビでの過去5年の成績は「9-8-2-34」で、勝率17.0%、複勝率35.8%。これだけの成績をみると極めて平凡な数字だが、単勝回収値は**111**、複勝回収値は**89**と、ベタ買いでも単勝がプラスとなる。「名門厩舎に武豊が騎乗」という図式のため、人気サイドに偏って成績を残しても不思議ではないが、実は**穴馬も狙える**コンビである。ただ、ダートは「0-0-0-4」、オープンクラスは「0-1-0-5」と苦戦傾向。騎乗機会は少ないものの結果を残していないので、これ以外に狙いを絞り込むのが得策で、特に**3歳戦**で好成績をあげている。

●芝・3歳戦(オープンを除く)「7-3-2-12」
→勝率29.2% 複勝率50.0% 単勝回収値201 複勝回収値114

単勝回収値が201、複勝回収値も100を超えており、是非、単複で狙いたい条件だ。

武豊馬券の鉄則㉗—長浜厩舎

◎芝・3歳戦(オープン除く)を狙え!

×ダートや重賞・オープン特別は消し!

㉘小崎憲厩舎

スマートファルコン以外の成績は？

武豊＆小崎厩舎の成績は「12-9-2-51」で、勝率16.2％、複勝率31.1％。複勝回収値は68にとどまるものの、単勝回収値は**102**となかなか良い数値となっている。この厩舎も、河内厩舎や松永昌厩舎などと同様に人気薄は狙いにくく、単勝5番人気以下では「1-0-0-24」。勝った1度は2009年のものなので、人気薄は消し。買えるのは**4番人気以内**で、勝率は22.4％、単勝回収値111だ。

武豊を背に地方交流重賞を勝ちまくったスマートファルコンは、この小崎厩舎所属で、その圧倒的な強さは記憶に新しいが、2008年の10月以降、引退レースのドバイWCまでは地方競馬のみに出走し、JRAの競馬場では走っていない。よって今回の成績の中には含まれていない。

実はこの**「スマート」**が冠の大川徹氏所有馬では苦戦している。「1-5-1-21」の成績で、わずか1勝。勝率は3.6％しかなく、単勝回収値は14。人気になりやすいが、裏切る傾向があるので、注意が必要。スマートファルコンのイメージに惑わされないように…。

武豊馬券の鉄則㉘—小崎厩舎

◎ 4番人気以内は買い！

× 5番人気以下は消し！

×スマート○○の過剰人気には注意！

㉙橋田満厩舎

たとえアドマイヤの騎乗はなくても…

橋田厩舎と武豊といえば、サイレンススズカ、アドマイヤグルーヴ、スズカフェニックスなど大レースで活躍したコンビだ。サイレンススズカの活躍以降、橋田厩舎への騎乗回数は年間20～40にも達し、馬券になる確率は5割超と非常に高かった。しかし、2008年頃から騎乗機会が減り、馬質は明らかに低下。重賞で活躍するような馬には乗らなくなった。過去5年の成績は「10-5-4-39」で、勝率17.2%、複勝率32.8%だが、**1000万下～1600万下**のレースでは非常に良い成績をあげている。このクラスでの成績は「5-4-3-3」で、勝率**33.3%**、複勝率は**80.0%**もある。

社台やアドマイヤとの絡みがあり、騎乗は減ったものの、非社台であり「スズカ」でおなじみの永井啓弍氏の所有馬にはよく騎乗している。将来、また大物が出るようなことがあれば、武豊とのコンビで、「スズカ」の活躍が見られるかもしれない⁉

武豊馬券の鉄則㉙―橋田厩舎

◎1000万下～1600万下が狙い目!

㉚須貝尚介厩舎

売り出し中の厩舎との相性は？

須貝厩舎は、2013年にゴールドシップ、ジャスタウェイ、レッドリヴェールがGＩを制覇。2009年に開業したばかりの厩舎だが、今、乗りに乗っている厩舎である。そんな大活躍中の厩舎と武豊との相性はどうか？

騎乗のほとんどは新馬～500万下のレースで、重賞クラスの馬への騎乗はほとんどない。全成績は「1-6-2-26」で、勝率2.9%、複勝率25.7%。なんと35回の騎乗があって、わずか1勝のみである。

なお、3番人気以内では「1-6-2-14」、4番人気以下では「0-0-0-12」。また、単勝オッズ7倍以上で「0-0-0-12」という成績で、**人気サイドでは勝ちきれなく、穴馬は期待できない**といった、まったく狙えないコンビとなっている。人気なら馬券に入れる検討の余地は多少はあるが、人気がなければバッサリ切っても良い。

武豊馬券の鉄則㉚―須貝厩舎

×4番人気以下、単勝7倍以上は消し！

×人気サイドでも勝ちきれない！

番外編——藤原英昭、安田隆行、矢作芳人、藤沢和雄

ここでは、「買い」「消し」の傾向が見えない厩舎や、過去5年で騎乗回数が30に満たない厩舎に武豊が乗ったときの成績を紹介するが、どれも毎年のようにリーディング上位をにぎわす厩舎ばかりなので、参照にしてほしい。

【武豊&○○厩舎】人気別成績

藤原英昭

	1-2-3-4着以下数/戦	勝率	連対率	複勝率	回収値	
					単勝	複勝
1番人気	1-0-1-1/3	33.3%	33.3%	66.7%	50	80
2番人気	2-0-0-1/3	66.7%	66.7%	66.7%	273	106
3番人気	0-1-1-2/4	0.0%	25.0%	50.0%	0	207
4番人気	0-0-0-2/2	0.0%	0.0%	0.0%	0	0
5番人気	0-0-0-2/2	0.0%	0.0%	0.0%	0	0
6番人気	1-1-0-1/3	33.3%	66.7%	66.7%	306	200
7番人気～	0-0-0-1/1	0.0%	0.0%	0.0%	0	0
計	4-2-2-10/18	22.2%	33.3%	44.4%	105	110

安田隆行

	1-2-3-4着以下数/戦	勝率	連対率	複勝率	回収値	
					単勝	複勝
1番人気	2-8-4-5/19	10.5%	52.6%	73.7%	16	90
2番人気	1-1-0-7/9	11.1%	22.2%	22.2%	32	35
3番人気	0-1-0-0/1	0.0%	100.0%	100.0%	0	230
4番人気	0-0-0-3/3	0.0%	0.0%	0.0%	0	0
5番人気～	0-0-0-5/5	0.0%	0.0%	0.0%	0	0
計	3-10-4-20/37	8.1%	35.1%	45.9%	16	61

集計期間：2009年1月～2013年終了時点

矢作芳人

	1-2-3-4 着以下数 / 戦	勝率	連対率	複勝率	回収値	
					単勝	複勝
1 番人気	2-3-3-6/14	14.3%	35.7%	57.1%	27	70
2 番人気	2-2-1-0/5	40.0%	80.0%	100.0%	148	156
3 番人気	1-1-1-3/6	16.7%	33.3%	50.0%	78	101
4 番人気	1-0-0-3/4	25.0%	25.0%	25.0%	230	80
5 番人気	0-0-0-3/3	0.0%	0.0%	0.0%	0	0
6 番人気	0-1-0-2/3	0.0%	33.3%	33.3%	0	136
7 番人気～	0-0-0-5/5	0.0%	0.0%	0.0%	0	0
計	6-7-5-22/40	15.0%	32.5%	45.0%	63	77

藤沢和雄

	1-2-3-4 着以下数 / 戦	勝率	連対率	複勝率	回収値	
					単勝	複勝
1 番人気	2-2-0-3/7	28.6%	57.1%	57.1%	71	70
2 番人気	0-1-0-1/2	0.0%	50.0%	50.0%	0	115
3 番人気	0-0-1-1/2	0.0%	0.0%	50.0%	0	75
4 番人気	0-0-0-2/2	0.0%	0.0%	0.0%	0	0
5 番人気	0-0-1-1/2	0.0%	0.0%	50.0%	0	130
6 番人気～	0-0-0-1	0.0%	0.0%	0.0%	0	0
計	2-3-2-9/16	12.5%	31.3%	43.8%	31	71

集計期間：2009 年 1 月～ 2013 年終了時点

PART 4

「種牡馬」で分かる 武豊の買い時・消し時

◎

㉛ディープインパクト――ユタカで産駒が飛翔する時

㉜スペシャルウィーク――産駒に過剰の期待は禁物!

㉝サムライハート――この種牡馬をなめてはいけない!

㉟キングカメハメハ――第2のローズキングダムはまだか?

㊱シンボリクリスエス――重賞では消して良し!

㉛ディープインパクト

ユタカで産駒が飛翔する時

武豊の全盛期を支えたのはサンデーサイレンスといっても過言ではないほど、サンデーサイレンス産駒で勝利数を伸ばした。その数、なんと307勝！このうち重賞勝ちは79勝にものぼり、数多くの名馬に騎乗した。馬質が良かったということもあるが、武豊とは相性抜群の種牡馬だった。

現在は、サンデーサイレンス産駒はいないので、その代表産駒と武豊騎手の成績を見ていこうと思う。

まず、これを語らずして先へは進めない。そう、「ディープインパクト」だ。

2013年末までのディープインパクト産駒での武豊の成績は「32-22-18-81」で、勝率**20.9%**、複勝率**47.1%**、単勝回収値**92**、複勝回収値**94**。初騎乗は2010年10月23日の未勝利戦（スマートロビン、2着）だった。2010年以降といえば、武豊の成績が下降線を辿る時期とかぶるが、そんな中でこの成績は非常に優秀だ。

重賞実績は「7-2-2-8」で、なんと50%以上の確率で馬券になっている。さらに**GⅠ**では「2-2-1-2」で、複勝率は71.4%にも達する。2013年は、キズナで日本ダービー、トーセンラーでマイルCSを制した。重賞で武豊がディープインパクト産駒に騎乗したら、間違いなく**買い**だ。ちなみに、**オープン特別**では「1-1-3-0」で、複勝率は100%である。

下級条件ではどうかというと、新馬、未勝利、500万下では勝率20%前後、複勝率は40～50%だが、人気のわりに勝ちきれていないので、回収値はやや低め。馬券的な狙いは**1000万下の特別レース**、**1600万下**、そして先にあげた**オープン特別**と**重賞**だ。

【ディープインパクト】

人気別成績

	1-2-3-4 着以下数 / 戦	勝率	連対率	複勝率	回収値	
					単勝	複勝
1 番人気	14-3-7-16/40	35.0%	42.5%	60.0%	66	69
2 番人気	9-5-4-12/30	30.0%	46.7%	60.0%	126	96
3 番人気	4-6-2-9/21	19.0%	47.6%	57.1%	113	141
4 番人気	2-2-2-8/14	14.3%	28.6%	42.9%	96	99
5 番人気	1-4-2-6/13	7.7%	38.5%	53.8%	68	166
6 番人気	1-2-0-13/16	6.3%	18.8%	18.8%	57	55
7 〜 9 番人気	1-0-1-14/16	6.3%	6.3%	12.5%	137	81
10 番人気〜	0-0-0-3/3	0.0%	0.0%	0.0%	0	0
計	32-22-18-81/153	20.9%	35.3%	47.1%	92	94

クラス別成績

	1-2-3-4 着以下数 / 戦	勝率	連対率	複勝率	回収値	
					単勝	複勝
新馬	6-4-4-13/27	22.2%	37.0%	51.9%	57	79
未勝利	10-10-6-37/63	15.9%	31.7%	41.3%	63	86
500 万下	5-4-3-14/26	19.2%	34.6%	46.2%	87	76
1000 万下	2-1-0-6/9	22.2%	33.3%	33.3%	264	116
1600 万下	1-0-0-3/4	25.0%	25.0%	25.0%	222	77
オープン	1-1-3-0/5	20.0%	40.0%	100.0%	30	178
GⅢ	3-0-1-3/7	42.9%	42.9%	57.1%	161	65
GⅡ	2-0-0-3/5	40.0%	40.0%	40.0%	212	74
GⅠ	2-2-1-2/7	28.6%	57.1%	71.4%	108	245

条件別成績

	1-2-3-4 着以下数 / 戦	勝率	連対率	複勝率	回収値	
					単勝	複勝
牝馬限定	4-2-0-9/15	26.7%	40.0%	40.0%	213	111
ハンデ戦	1-0-1-4/6	16.7%	16.7%	33.3%	148	70
2 歳限定	9-7-7-16/39	23.1%	41.0%	59.0%	71	86
3 歳限定	14-10-10-41/75	18.7%	32.0%	45.3%	61	92
3 歳以上	7-3-1-20/31	22.6%	32.3%	35.5%	171	90
4 歳以上	2-2-0-4/8	25.0%	50.0%	50.0%	180	161

集計期間：産駒デビュー〜 2013 年終了時点

●1000万下（特別）・1600万下・オープン特別・重賞（11-4-5-16）
→勝率30.6%　複勝率55.6%　単勝回収値176　複勝回収値133

人気別成績も見てみよう。人気サイドでの騎乗が多いが、**3番人気以内**で複勝率は**約60%**であり、信頼のおける数値だ。また、**単勝1倍台**に支持された場合は「10-2-4-2」で、複勝率は88.9%もあるので、信頼度は抜群だ。

あとは、騎手の乗替わりかどうかもチェックしてほしい。前走他騎手から武豊への乗替わりの場合は「5-8-7-27」、勝率10.6%。一方、乗替わりがない騎乗の場合は「20-10-7-40」で、勝率26.0%。明らかに勝率が違う。ただし、乗替わりは穴馬で勝っていることもあり単勝回収値は高くなっている。

これが1番人気になると、

前走他騎手→今走武豊（0-1-2-4）
前走武豊→今走も武豊（10-1-3-7）

やはり一度乗って手の内に入れて、連続騎乗した方が良い成績になっている。

武豊馬券の鉄則㉛―ディープインパクト産駒

◎重賞では抜群の成績！　GⅠでは複勝率70%超！

◎1000万下（特別）・1600万下・オープン特別・重賞で高回収率！

◎乗替わりなしで信頼度UP！

㉜スペシャルウィーク

産駒に過剰の期待は禁物！

武豊が騎乗したサンデーサイレンスの代表産駒で、もう一頭種牡馬をあげるとするならば、スペシャルウィークだろう。

スペシャルウィークは初めてダービーの栄冠をもたらした馬であり、武豊のその産駒での成績は「39-18-8-92」で、勝率24.8％、複勝率41.4％、単勝回収値86、複勝回収値70。ディープインパクト産駒と同程度の成績を残している。

しかし、ディープインパクト産駒では、重賞や特別レースが好成績だが、スペシャルウィーク産駒では**平場**が良い成績だ。特別レースの勝率18.8％に対し、平場では勝率29.0％と、勝率で10％以上の差がある。さらに、**3歳限定戦**の平場で3番人気以内なら複勝率73.7％と高い確率で馬券になっている。

しかし、産駒の成績が全体的に落ちてきている近年は、さすがの武豊の手腕をもってしても、苦戦を強いられている。2010年以降の全成績は**「3-2-3-36」**で、勝率**6.8％**、複勝率**18.2％**しかない。2013年は8回騎乗があったが、「0-1-0-7」とイマイチの成績だ。

武豊馬券の鉄則㉜—スペシャルウィーク産駒

×近年は苦戦。消しでOK！

◎狙うとしたら、3歳限定戦（平場）で、3番人気以内！

㉝サムライハート

この種牡馬をなめてはいけない!

騎乗数は少ないが、抜群の成績を残している好相性の種牡馬を紹介しておこう。

それはサムライハート。種牡馬としてはマイナーだが、血統は超一流。父サンデーサイレンス、母エアグルーヴで、アドマイヤグルーヴやルーラーシップの兄弟である。武豊にとっては思い入れの深い血統で、サムライハートの現役時は全て騎乗した。

そんなサムライハート産駒での成績は「5-2-1-2」で、勝率**50.0%**、複勝率**80.0%**、単勝回収値**249**、複勝回収値**276**と抜群の成績を残している。産駒自体が少なく重賞で活躍するような馬が出ていないので、**下級条件**で走っている馬ばかりの騎乗となるが、**4番人気以内**の成績は「5-1-0-0」で連対率100%。10番人気でも連対している。

2013年終了時点で、騎乗馬にはヤマイチパートナー（未勝利・500万下・1000万下勝ち）、ポロタン（未勝利勝ち、500万下3着）、ネコタイショウ（500万下勝ち）などがいる。

武豊馬券の鉄則㉝―サムライハート産駒

◎数は少ないものの、必ず買いだ!

㉞その他サンデー系種牡馬

ステイゴールド、ゴールドアリュール、フジキセキとの相性は?

ステイゴールド産駒騎乗の成績は「14-10-10-31」で、勝率21.5%、複勝率52.3%、単勝回収値121、複勝回収値112。人気サイドは堅実な上、穴馬でも勝っており、回収値が高い。馬券的に買える条件がそろっている。特に**未勝利〜1600万下**が狙い目だ。

ゴールドアリュール産駒では、「11-10-13-48」で、勝率13.4%、複勝率41.5%、単勝回収値54、複勝回収値79。こちらは穴馬では勝てなくて回収値は低いが、狙うなら**ダート**。3番人気以下で「1-0-1-25」、複勝率は7.4%しかないので、**2番人気以内**が良い。

フジキセキ産駒での成績は「60-38-27-151」で、勝率21.7%、複勝率45.3%。このうち**2010年以降**では「8-8-8-57」で、勝率9.9%、複勝率29.6%、単勝回収値54、複勝回収値62となっている。近年の成績はイマイチで、回収値も落ちる。5番人気以下で「0-1-0-31」と連対が1度しかなく、人気薄は消しでOK。1〜2番人気でも勝率9.1%なので信頼度は低い。

武豊馬券の鉄則㉞―ステイゴールド・ゴールドアリュール・フジキセキ産駒

◎ステイゴールド産駒は買い! 未勝利〜1600万下が狙い目!

◎ゴールドアリュール産駒は、ダートで2番人気以内なら買える!

×フジキセキ産駒の5番人気以下は消し!

㉟キングカメハメハ

第2のローズキングダムはまだか？

次は、サンデーサイレンス系以外の種牡馬との相性を見ていこう。

まずは、非サンデー系の代表的な種牡馬といえば、2013年の種牡馬リーディングでディープインパクトに次ぐ2位となったキングカメハメハ。産駒には、2013年度代表馬ロードカナロアや最優秀ダートホースのベルシャザール。その他、ホッコータルマエ、ルーラーシップ、アパパネなど大物が多数いる。

そんなキングカメハメハ産駒での武豊の騎乗馬といえば、繰り上がりとはいえ、2010年のジャパンカップを制したローズキングダムだ。

武豊が騎乗した時のキングカメハメハ産駒の**全成績**は「27-14-14-64」で、勝率22.7％、複勝率46.2％、単勝回収値100、複勝回収値77。単勝回収値が100となっており、なかなか高い数値だが、穴馬の好走はなく、**7番人気以下**で「0-0-0-14」。一度も馬券になっていない。買い時は**人気サイド**に絞ることができる。特に**1番人気**では「14-7-6-8」で、勝率40.0％、複勝率77.1％と高い数値であり、**単勝オッズ1倍台**に支持されれば「9-2-3-0」で複勝率100％だ。人気だからと嫌わず、必ず買っておく必要がある。

武豊馬券の鉄則㉟―キングカメハメハ産駒

◎単勝1倍台は複勝率100％！

×7番人気以下は消し！

【キングカメハメハ】

人気別成績

	1-2-3-4着以下数/戦	勝率	連対率	複勝率	回収値	
					単勝	複勝
1番人気	14-7-6-8/35	40.0%	60.0%	77.1%	78	95
2番人気	5-4-4-16/29	17.2%	31.0%	44.8%	55	70
3番人気	2-2-1-6/11	18.2%	36.4%	45.5%	94	78
4番人気	3-1-2-8/14	21.4%	28.6%	42.9%	185	122
5番人気	0-0-1-6/7	0.0%	0.0%	14.3%	0	45
6番人気	3-0-0-6/9	33.3%	33.3%	33.3%	436	108
7～9番人気	0-0-0-12/12	0.0%	0.0%	0.0%	0	0
10番人気～	0-0-0-2/2	0.0%	0.0%	0.0%	0	0
計	27-14-14-64/119	22.7%	34.5%	46.2%	100	77

単勝オッズ別成績

	1-2-3-4着以下数/戦	勝率	連対率	複勝率	回収値	
					単勝	複勝
1.0～1.4	3-0-1-0/4	75.0%	75.0%	100.0%	95	102
1.5～1.9	6-2-2-0/10	60.0%	80.0%	100.0%	100	110
2.0～2.9	5-6-2-5/18	27.8%	61.1%	72.2%	72	95
3.0～3.9	5-1-4-8/18	27.8%	33.3%	55.6%	92	84
4.0～4.9	1-2-2-8/13	7.7%	23.1%	38.5%	36	67
5.0～6.9	1-3-1-7/12	8.3%	33.3%	41.7%	46	85
7.0～9.9	3-0-2-7/12	25.0%	25.0%	41.7%	215	135
10.0～14.9	2-0-0-14/16	12.5%	12.5%	12.5%	141	43
15.0～19.9	1-0-0-9/10	10.0%	10.0%	10.0%	167	28
20.0～29.9	0-0-0-2/2	0.0%	0.0%	0.0%	0	0
30.0～49.9	0-0-0-2/2	0.0%	0.0%	0.0%	0	0
50.0～	0-0-0-2/2	0.0%	0.0%	0.0%	0	0

集計期間：産駒デビュー～ 2013年終了時点

㊱シンボリクリスエス

重賞では消して良し!

非サンデーサイレンス系の種牡馬では、シンボリクリスエスも活躍する産駒が多い。2013年はエピファネイアが菊花賞を制した。その他の活躍馬にはサンカルロ、ダノンカモン、ストロングリターン、サクセスブロッケンなどがいる。

武豊騎乗のシンボリクリスエス産駒の成績は**「23-17-16-90」**で、勝率15.8%、複勝率38.4%、単勝回収値70、複勝回収値71。**1番人気**での成績にかぎると、勝率33.3%、複勝率63.9%で、ほぼ平均値だ。時々穴馬を持ってきてはいるが、単複の回収値は70%程度。可もなく不可もなくといったところか。ただ、**オープン特別**と**重賞**では「0-0-0-10」で、苦戦を強いられているので注意が必要。

新馬〜500万下で**単勝3番人気以内**なら、複勝率は6割程度はあるので押さえは必要だが、信頼度が抜群に高いというわけではない。

武豊馬券の鉄則㊱—シンボリクリスエス産駒

×オープン特別・重賞では消し!

◎新馬〜500万下で単勝3番人気以内なら、押さえまで!

㊲その他非サンデー系種牡馬

クロフネ、ジャングルポケット、ケイムホームとの相性は？

クロフネ産駒での成績は「36-23-24-109」で、勝率18.8％、複勝率43.2％、単勝回収値53、複勝回収値74。穴馬での勝利はほとんどなく、単勝オッズ15倍以上では0勝。回収値も低い。主な騎乗馬に2013年チューリップ賞勝ちのクロフネサプライズがいる。

ジャングルポケット産駒は「14-5-3-50」で、勝率19.4％、複勝率30.6％、単勝回収値72、複勝回収値58。このうち、単勝7番人気以下では「0-0-0-20」なので消し。

ケイムホーム産駒はサンプルが少ないのだが、武豊騎手と好相性なので掲載しておく。成績は「5-3-0-8」で、勝率31.3％、複勝率50.0％、単勝回収値166、複勝回収値95。よく勝っており、回収値が高い。2013年はサウンドリアーナで端午S勝ちをおさめた。他、ワンダーテルヌーラ（未勝利勝ち）、ワンダーコロアール（500万下勝ち）にも騎乗している。

武豊馬券の鉄則㊲─クロフネ・ジャングルポケット・ケイムホーム産駒

×クロフネ産駒は単勝オッズ15倍以上で消し！

×ジャングルポケット産駒は7番人気以下で消し！

◎ケイムホーム産駒は積極的に買い！

番外編――ゼンノロブロイ、ダイワメジャー、ネオユニヴァース、ハーツクライ、マンハッタンカフェ

ここでは、「買い」「消し」の傾向が見えない種牡馬に武豊が乗ったときの成績を紹介するが、どれもリーディングサイヤー上位をにぎわすサンデー系種牡馬ばかりなので、参照にしてほしい。

【武豊＆○○】人気別成績

ゼンノロブロイ

	1-2-3-4 着以下数 / 戦	勝率	連対率	複勝率	回収値	
					単勝	複勝
1 番人気	1-1-1-3/6	16.7%	33.3%	50.0%	56	80
2 番人気	3-0-0-6/9	33.3%	33.3%	33.3%	120	50
3 番人気	0-1-0-7/8	0.0%	12.5%	12.5%	0	16
4 番人気	1-0-0-4/5	20.0%	20.0%	20.0%	120	38
5 番人気	3-1-0-4/8	37.5%	50.0%	50.0%	423	157
6 番人気～	0-0-0-15/15	0.0%	0.0%	0.0%	0	0
計	8-3-1-39/51	15.7%	21.6%	23.5%	106	49

ダイワメジャー

	1-2-3-4 着以下数 / 戦	勝率	連対率	複勝率	回収値	
					単勝	複勝
1 番人気	5-0-0-3/8	62.5%	62.5%	62.5%	166	83
2 番人気	0-2-3-4/9	0.0%	22.2%	55.6%	0	88
3 番人気	0-1-3-3/7	0.0%	14.3%	57.1%	0	108
4 番人気	0-1-0-4/5	0.0%	20.0%	20.0%	0	32
5 番人気	0-0-0-3/3	0.0%	0.0%	0.0%	0	0
6 番人気	1-0-2-4/7	14.3%	14.3%	42.9%	235	165
7～9 番人気	0-1-0-7/8	0.0%	12.5%	12.5%	0	52
10 番人気～	0-0-0-2/2	0.0%	0.0%	0.0%	0	0
計	6-5-8-30/49	12.2%	22.4%	38.8%	61	80

ネオユニヴァース

	1-2-3-4 着以下数 / 戦	勝率	連対率	複勝率	回収値	
					単勝	複勝
1 番人気	11-3-2-9/25	44.0%	56.0%	64.0%	84	80
2 番人気	2-2-1-9/14	14.3%	28.6%	35.7%	52	62
3 番人気	1-3-2-6/12	8.3%	33.3%	50.0%	55	85
4 番人気	0-1-0-12/13	0.0%	7.7%	7.7%	0	20
5 番人気	0-1-0-10/11	0.0%	9.1%	9.1%	0	37
6 番人気	0-0-0-4/4	0.0%	0.0%	0.0%	0	0
7 ～ 9 番人気	0-0-0-9/9	0.0%	0.0%	0.0%	0	0
10 番人気～	0-0-1-2/3	0.0%	0.0%	33.3%	0	320
計	14-10-6-61/91	15.4%	26.4%	33.0%	38	61

ハーツクライ

	1-2-3-4 着以下数 / 戦	勝率	連対率	複勝率	回収値	
					単勝	複勝
1 番人気	5-4-0-7/16	31.3%	56.3%	56.3%	65	72
2 番人気	0-4-3-4/11	0.0%	36.4%	63.6%	0	114
3 番人気	1-2-2-9/14	7.1%	21.4%	35.7%	49	77
4 番人気	1-0-0-5/6	16.7%	16.7%	16.7%	136	38
5 ～ 6 番人気	0-0-0-7/7	0.0%	0.0%	0.0%	0	0
7 ～ 9 番人気	1-0-0-0/1	100.0%	100.0%	100.0%	1510	520
10 番人気～	0-0-0-3/3	0.0%	0.0%	0.0%	0	0
計	8-10-5-35/58	13.8%	31.0%	39.7%	70	73

マンハッタンカフェ

	1-2-3-4 着以下数 / 戦	勝率	連対率	複勝率	回収値	
					単勝	複勝
1 番人気	16-14-5-19/54	29.6%	55.6%	64.8%	58	84
2 番人気	10-5-8-14/37	27.0%	40.5%	62.2%	95	93
3 番人気	2-3-5-18/28	7.1%	17.9%	35.7%	35	68
4 番人気	3-1-0-14/18	16.7%	22.2%	22.2%	123	52
5 番人気	2-1-0-12/15	13.3%	20.0%	20.0%	128	71
6 番人気	1-2-0-9/12	8.3%	25.0%	25.0%	119	86
7 ～ 9 番人気	0-2-1-10/13	0.0%	15.4%	23.1%	0	110
10 番人気～	0-1-0-8/9	0.0%	11.1%	11.1%	0	72
計	34-29-19-104/186	18.3%	33.9%	44.1%	71	81

集計期間：産駒デビュー～ 2013 年終了時点

PART 5

「乗替わり」で分かる
武豊の買い時・消し時

㊴内田博幸（→武豊） 第2のトウケイヘイローを探せ！

㊵小牧太（→武豊） 橋口厩舎の常套手段の効果は？

㊾中舘英二（→武豊） ローカルからの昇級馬の結果はいかに？

(52)横山典弘（→武豊） つねに人気となるバトンタッチだが…

(53)藤田伸二（→武豊） 番長からの乗替わりの実態は？

(54)蛯名正義（→武豊） 同期の乗替わりは穴で狙え！

(60)Mデムーロ、ルメール他――武豊から外国人騎手への乗替わりは？

㊳藤岡佑介→武豊

絶大の効果を発揮する時とは？

この章からは、騎手乗替わりのデータを分析していく。

「○○→武豊」という表記は、前走は○○騎手が騎乗し、今走で武豊に乗替わった場合を指す。また、データは騎手によって変わる場合もあるが、基本的に2009年～2013年の過去5年間の成績を参照とし、乗替わりの機会が30回以上の騎手を対象とする。

では、乗替わりで、最も買えるパターンから紹介していこう。

「藤岡佑介→武豊」という乗替わりの「1着-2着-3着-4着以下」の成績（着別度数）は**「10-3-1-16」**で、勝率**33.3%**、複勝率**46.7%**、単勝回収値**184**、複勝回収値**89**。武豊への乗替わりデータでは、**勝利数、勝率、単勝回収値**で一番良い値となっている。

重賞では、2009年の京都新聞杯でデルフォイ（3番人気）の2着があった程度で、オープンクラスでの騎乗は少ないが、未勝利や500万下、1000万下などの条件戦で、ここぞというときに武豊に乗替わり、勝利していることが多い。よって、前走から降級した馬や前走同クラスで惜敗しているような馬が狙い目となる。

●前走から降級した馬、もしくは、前走は同クラス2～3着または着差0.2秒以内で負けた馬　(8-2-0-2)

→勝率66.7%　複勝率83.3%　単勝回収値318　複勝回収値141

とにかくよく勝っており、単勝回収値は318もある。

2013年は、メイショウカドマツでこの「藤岡佑介→武豊」のパターンがあった。前走は藤岡佑介騎乗で比叡S（1600万下）を2着に好走し、次走の松籟S（1600万下）で武豊に乗替わり勝利している。

このメイショウカドマツは**藤岡健一厩舎**の管理馬で、藤岡調教

【藤岡佑→武豊】

人気別成績

	1-2-3-4 着以下数 / 戦	勝率	連対率	複勝率	回収値	
					単勝	複勝
1 番人気	3-1-0-1/5	60.0%	80.0%	80.0%	176	104
2 番人気	3-1-0-1/5	60.0%	80.0%	80.0%	182	114
3 番人気	2-1-1-2/6	33.3%	50.0%	66.7%	218	156
4 番人気	0-0-0-1/1	0.0%	0.0%	0.0%	0	0
5 番人気	1-0-0-2/3	33.3%	33.3%	33.3%	293	76
6 番人気	0-0-0-0/0	0.0%	0.0%	0.0%	0	0
7 ～ 9 番人気	1-0-0-7/8	12.5%	12.5%	12.5%	192	53
10 番人気～	0-0-0-2/2	0.0%	0.0%	0.0%	0	0
計	10-3-1-16/30	33.3%	43.3%	46.7%	184	89

クラス別成績

	1-2-3-4 着以下数 / 戦	勝率	連対率	複勝率	回収値	
					単勝	複勝
新馬	0-0-0-0/0	0.0%	0.0%	0.0%	0	0
未勝利	2-1-1-6/10	20.0%	30.0%	40.0%	53	64
500 万下	3-0-0-4/7	42.9%	42.9%	42.9%	208	72
1000 万下	4-1-0-4/9	44.4%	55.6%	55.6%	353	136
1600 万下	1-0-0-2/3	33.3%	33.3%	33.3%	116	46
オープン・GⅢ	0-0-0-0/0	0.0%	0.0%	0.0%	0	0
GⅡ	0-1-0-0/1	0.0%	100.0%	100.0%	0	170
GⅠ	0-0-0-0/0	0.0%	0.0%	0.0%	0	0

条件別成績

	1-2-3-4 着以下数 / 戦	勝率	連対率	複勝率	回収値	
					単勝	複勝
牝馬限定	2-0-1-3/6	33.3%	33.3%	50.0%	201	111
ハンデ戦	1-0-0-0/1	100.0%	100.0%	100.0%	350	140
2 歳限定	1-0-0-0/1	100.0%	100.0%	100.0%	260	130
3 歳限定	1-2-1-7/11	9.1%	27.3%	36.4%	24	61
3 歳以上	4-1-0-6/11	36.4%	45.5%	45.5%	278	98
4 歳以上	4-0-0-3/7	57.1%	57.1%	57.1%	275	114

集計期間：2009 年 1 月～ 2013 年終了時点

師は藤岡佑介騎手の父となるが、この厩舎で「藤岡佑介→武豊」だと、成績は**4戦4勝**なので必ず買いだ。

また、藤岡佑介騎手の弟・**藤岡康太**から武豊への乗替わりはどうなっているのだろうか。この場合の成績は「1-0-3-17」で、勝率4.8%と苦戦している。藤岡健一厩舎の管理馬では2戦して、どちらも3番人気に支持されたが、馬券に絡むことができず敗れている。メイショウカドマツの皐月賞→京都新聞杯が「藤岡康太→武豊」パターンだが結果は5着だった。

ということで、買えるのは兄・藤岡佑介から武豊への乗替わりと覚えておこう！

武豊馬券の鉄則㊳—藤岡佑→武豊

◎もっとも買える乗替わり!

◎とくに降級や前走惜敗馬、藤岡健厩舎の馬を狙え!

×弟・藤岡康→武豊は消し!

㊴内田博幸→武豊

第2のトウケイヘイローを探せ!

2013年、武豊を背に重賞3連勝の活躍を見せたトウケイヘイロー。その1勝目を飾った鳴尾記念の前走は京王杯SCで、鞍上は内田博幸騎手だった。1400mから2000mへの距離延長が功を奏した部分もあるが、武豊への乗替わりも大きな要因だったといえる。

「内田博幸→武豊」という乗替わりの成績は**「8-11-8-27」**で、勝率**14.8%**、複勝率**50.0%**、単勝回収値**84**、複勝回収値**113**。勝率はやや低めだが、**乗替わりの半数**が馬券となり、複勝回収値はプラスだ。言うまでもなく、買える乗替わりである。

特に**重賞**での成績は「1-3-2-2」で、複勝率75.0%と、安定感は抜群だ。勝利は前述のトウケイヘイローのみだが、6番人気(単勝1160円)は非常に価値がある。また、**オープン特別**では「1-2-4-2」、**1600万下**でも「2-0-0-1」と良い成績をおさめている。

武豊馬券の鉄則㊴―内田→武豊

◎重賞で抜群の安定感。買い!

◎オープン特別・1600万下も狙い目!

㊵小牧太→武豊

橋口厩舎の常套手段の効果は？

「小牧太→武豊」の乗替わりは「5-10-6-28」で、勝率10.2％、複勝率42.9％、単勝回収値53、複勝回収値81となっている。騎乗機会が多いわりに、勝利数が少なく、単勝回収値も低い。

このようにアタマでは狙えないのだが、下級条件は買える。特に**未勝利戦**なら「1-6-2-0」で、馬券圏内を外していない。

また、人気サイドは堅実で、**未勝利～1600万下**で**単勝2.9倍以内**なら「4-4-2-1」で、複勝率は90.9％である。

この乗替わりは**橋口弘次郎厩舎**でよく見る乗替わりだが、橋口厩舎だけの成績では「1-5-3-13」で、勝率4.5％、単勝回収値12と、勝ちきれていない。単勝勝負は避けたいデータとなっている。

武豊馬券の鉄則㊵—小牧→武豊

×アタマでの勝負は避けよ!

×橋口厩舎での勝負も避けよ!

◎未勝利～1600万下で、3連複馬券の軸としてオススメ!

㊶松岡正海→武豊

「買い」「消し」の特徴がはっきり!

松岡騎手から武豊への乗替わりは「8-3-3-19」で、勝率24.2%、複勝率42.4%、単勝回収値62、複勝回収値64。

東西所属の内訳を見ると、関東馬で「0-2-3-9」で勝率0%、複勝率35.7%。一方、関西馬は「8-1-0-10」で、勝率42.1%、複勝率47.4%。つまり、勝利は全て**関西馬**であげている。

重賞では、2010年ファンタジーS3着のホエールキャプチャ、2011年阪神JF3着サウンドオブハートがこの乗替わりに該当するが、ともに関東馬だった。しかし、2013年は3回、関東馬に騎乗したが、「0-0-0-3」と全て馬券にはならなかった。

よって、狙いは関西馬となるが、**単勝2番人気以内**が「8-1-0-5」で、3番人気以下は「0-0-0-5」と、馬券になったのは全て2番人気以内。当日の人気を見て、買い消しを判断してほしい。

武豊馬券の鉄則㊶—松岡→武豊

◎関西馬で2番人気以内を狙え!

×関東馬は消し!

㊷四位洋文→武豊

回収率抜群! 単勝で勝負だ

「四位→武豊」の乗替わりの成績は「7-3-4-16」で、勝率23.3%、複勝率46.7%、単勝回収値137、複勝回収値102。回収率も高く、**買える乗替わり**だ。

重賞では、2011年アーリントンC（ノーザンリバー）、2010年クイーンS（アプリコットフィズ）での勝利がある。また、それ以前にさかのぼると、2001年NHKマイルC（クロフネ）、2002年シンザン記念（タニノギムレット）、2006年京都記念（シックスセンス）での勝利があり、往時から大舞台でよく見かける乗替わりである。

タニノギムレットやノーザンリバーなどがそうだったが、四位→武豊へ乗替わり、また四位へ戻るというパターンもよくある。

狙いどころとしては、**6番人気以内**、特に**単勝オッズ6.9倍以内**なら「5-1-3-1」で、勝率50.0%、複勝率90.0%と超高確率で馬券になっている。また、平場よりも特別レースで良い成績を残している。

武豊馬券の鉄則㊷—四位→武豊

◎単勝6.9倍以内は絶対に買い!

◎重賞や条件戦の特別レースで買い!

㊸幸英明→武豊

前走の成績欄に注目せよ!

「幸英明→武豊」の乗替わりの成績は「9-7-4-29」で、勝率18.4%、複勝率40.8%、単勝回収値88、複勝回収値87である。

幸騎手から武豊へチェンジとなれば、人気が上がることが多いのだが、**単勝2番人気以内では**「7-4-1-4」で、勝率43.8%、複勝率75.0%と安定して馬券になっている。単勝回収値は156、複勝回収値は111で、単複どちらもプラス回収だ。

人気になるのは、武豊効果が大きいが、前走で好走した馬に騎乗することが多いことも要因のひとつになっている。前走で**勝ち馬から0.5秒以内に惜敗した馬**の騎乗数は、なんと20回もある。このうち6勝、3着内は14回と、前走・幸で惜敗→次走・武豊で勝利もしくは2・3着というパターンがよくある。

最近では、2013年マイルCS（トーセンラー）、小倉記念（メイショウナルト）、2011年中京記念（ナリタクリスタル）がこれに該当する。

武豊馬券の鉄則㊸—幸→武豊

◎2番人気以内は買い!

◎前走惜敗馬が狙い目!

㊹浜中俊→武豊

このコースと条件に注目せよ!

浜中騎手から武豊への乗替わりの成績は「5-7-8-31」で、勝率9.8%、複勝率39.2%、単勝回収値48、複勝回収値87。あまり勝っておらず、単勝回収値が低い。勝利は全て**3番人気以内**であげているので、人気サイドを中心に狙えばOK。**1番人気**での成績は「3-2-2-3」で、複勝率70.0%だ。また、**単勝オッズ2.9倍以内**に支持されれば、「2-3-2-1」で、複勝率87.5%と高確率だ。

また、浜中→武豊の乗替わりで狙えるのは小倉競馬場である。

●小倉競馬場の成績(3-3-5-3)
→勝率21.4% 複勝率78.6% 単勝回収値86 複勝回収値155

単勝回収値はプラスに至っていないが、複勝でプラス回収となっている。2012年の北九州記念では、6番人気エピセアロームを3着に持ってきている。

武豊馬券の鉄則㊹―浜中→武豊

◎単勝2.9倍以内は買い!

◎小倉競馬場で買い!

㊺岩田康誠→武豊

意外や意外! 狙える条件とは?

前走・岩田で今走・武豊。どちらも騎乗回数が多い騎手だけに、競馬新聞でよく見る乗替わりである。ウオッカやヴァーミリアン、ヴィクトワールピサなど過去の名馬でも「岩田→武豊」、またはこの逆パターン「武豊→岩田」の乗替わりがあった。実は、全騎乗のデータの中では、重賞勝利が多いのは武豊から岩田への乗替わりの方で、岩田から武豊は、2002年スプリンターズS(ビリーヴ)と2007年弥生賞(アドマイヤオーラ)のわずか2勝しかない。一方、武豊から岩田は6勝。このうちGIを3勝している。

さて、そんな岩田から武豊への乗替わりの過去5年の成績は**「5-5-7-38」**で、勝率**9.1%**、複勝率**30.9%**、単勝回収値**119**、複勝回収値**84**。8番人気と11番人気で勝利しているので、単勝回収値は高くなっている。**穴馬**には注意が必要だ。人気サイドなら**単勝2.9倍以内**。「3-3-2-1」と堅実なので、軸に最適だ。

重賞の成績は「0-0-2-5」で、近年は人気になるような有力馬の騎乗は少なく、連対はしていない。

武豊馬券の鉄則㊺―岩田→武豊

◎単勝オッズ2.9倍以内なら買い!

◎穴馬にも注意!

×重賞では意外に苦戦。割引!

㊻福永祐一→武豊

大物二世同士のバトンタッチはいかに?

福永祐一と武豊。ともに、福永洋一と武邦彦という名手を父に持つ大物二世ジョッキーだ。だから、「福永→武豊」はさぞかし期待できる乗替わりではないかという印象を抱かせるが、実は**買えないデータ**がそろっている。

過去5年の成績は「6-2-4-45」で、勝率10.5%、複勝率21.1%、単勝回収値39、複勝回収値34。人気馬の騎乗が多いが、勝率、複勝率、回収値とも全ての数値が低い。また、**単勝4番人気以下**では「0-0-1-23」、単勝10倍以上で「0-0-0-17」となっており、穴馬も狙えない。

さらに、クラス別成績では、**オープン特別・重賞**で「0-0-0-11」。全て4着以下に敗退している。ヴァーミリアンのラストランとなったJCダートでも14着に大敗した。

また、**社台系生産馬**の成績は「1-1-1-14」で、勝率5.9%、複勝率17.6%となっており、**社台系の馬での乗替わりも良くない。**2013年のフローラS12着イリュミナンスなどの例があげられる。

武豊馬券の鉄則㊻―福永→武豊

×買えない乗替わり! 穴馬も来ない!

×オープン特別・重賞や社台系の馬でも苦戦!

㊼川田将雅→武豊

アタマでいくか？ 連軸でいくか？

「川田→武豊」も単勝勝負は避けたい乗替わりだ。その成績は「3-5-5-24」で、勝率8.1％、複勝率35.1％、単勝回収値**17**、複勝回収値94。単勝回収値が非常に低い。ただし、**2番人気以内**に支持されると「3-4-1-1」で、複勝率88.9％。**単勝オッズ4.9倍以内**では「3-3-1-1」で、複勝率87.5％と高い確率で馬券になっているので、軸としては良さそうだ。なお、3番人気以下では「0-1-4-23」なので、ヒモで馬券に入れるのはいいが、アタマでは狙いにくい。

また、「福永→武豊」と同じく、**重賞やオープン特別**で結果が出ていない。2013年のスプリンターズSでは、サドンストームで13着に負けている。

しかし、**社台系生産馬**については好調で、「社台ファーム」「追分ファーム」「社台コーポレーション白老ファーム」の生産馬での成績では「2-2-1-2」(ノーザンファーム生産馬での乗替わりはなし)。よく馬券に絡んでいるので、注意しておきたい。

武豊馬券の鉄則㊼—川田→武豊

×単勝回収値が低く、アタマでは狙えない!

◎単勝2番人気以内、または、単勝オッズ4.9倍以内では買い!

◎社台系生産馬も買い!

㊽柴田善臣、吉田隼人→武豊

狙いはこの条件に定めよ!

今度は関東所属騎手の「柴田善臣」「吉田隼人」から武豊への乗替わりを見てみよう。

「柴田善→武豊」の成績は「7-3-4-23」で、勝率18.9%、複勝率37.8%、単勝回収値89、複勝回収値64。

「吉田隼→武豊」は「4-4-3-23」で、勝率11.8%、複勝率32.4%、単勝回収値126、複勝回収値98。

どちらの騎手も単勝回収値は高めだが、条件戦の芝のレースに絞ると、さらに良い成績となる。

●柴田善→武豊　500万下～1600万下・芝のみ（6-1-0-9）
→勝率37.5%　複勝率43.8%　単勝回収値185　複勝回収値74

●吉田隼→武豊　500万下～1600万下・芝のみ（3-3-1-3）
→勝率30.0%　複勝率70.0%　単勝回収値383　複勝回収値275

武豊馬券の鉄則㊽―柴田善・吉田隼→武豊

◎条件戦の芝で、アタマで狙え!

㊾中舘英二→武豊

ローカルからの昇級馬の結果はいかに？

中舘騎手から武豊への乗替わりの成績は「6-3-1-20」で、勝率20.0％、複勝率**33.3％**、単勝回収値94、複勝回収値**113**である。複勝率33.3％はけっして高い方ではないが、複勝回収値は100を超えており、高い数値だ。これには、2011年10月30日500万下2着のミエノグレース（複勝1740円）が大きく影響している。

また、**1番人気**では「4-1-1-0」。6回騎乗があって、全て3着以内に来ており、信頼度は抜群だ。

中舘騎手は、ご存じのように、新潟や福島など**ローカル**での騎乗が多いが、そのローカルで中舘が騎乗して条件戦を勝ち上がり、次走で武豊に乗替わって、レベルの高い中央開催（東京、中山、京都、阪神）の上のクラスに出走する。こんなパターンがよくある。苦戦する気配が濃厚だが、やはりそのとおりで、これに該当した**昇級馬**は「0-0-0-7」。まったく馬券になっていないので、注意しておこう。

あと、**特別レース**も苦戦している。買えるのは平場のみだ。

武豊馬券の鉄則㊾―中舘→武豊

◎1番人気は買い！

×ローカルからの昇級馬は消し！

×特別レースも消し！

㊿田中勝春→武豊

この乗替わりを見かけようものなら…

「田中勝春→武豊」は、過去5年で**最も苦戦している**乗替わりパターンだ。成績は「0-2-2-30」で、勝利は1度もなく、複勝率は11.8%。当然、回収値は非常に低く、単勝回収値は0、複勝回収値は21。

2012年の成績は「0-0-0-5」で、2013年も馬券絡みがなく、「0-0-0-4」と、近年は特に苦戦している。

過去5年で馬券になった4回のうち3回が**1番人気**。**2番人気以下**は「0-0-1-28」、**単勝オッズ4倍以上**は「0-0-2-31」で連対がなく、**10倍以上**になると「0-0-0-18」で3着以内もない。

さらに、前走で**6着以下**に負けていた馬で、この乗替わりがあった場合は「0-0-0-20」でまったく買えない。

田中勝春→武豊の乗替わりは、関東所属の**小島太厩舎**でよく見るパターンだが11回騎乗があり、「0-0-2-9」。2度3着に入っただけとなっている。

武豊馬券の鉄則㊿―田中勝→武豊

×勝利がなく、買えない乗替わり。消し!

×単勝10倍以上、もしくは前走6着以下の馬は絶対に消し!

⑤1太宰啓介→武豊

この地味なパターンこそ妙味あり!

「太宰→武豊」の乗替わりの成績は「4-2-3-22」で、勝率12.9%、複勝率29.0%、単勝回収値113、複勝回収値61。1番人気の騎乗はわずか2回と人気になりにくい馬が多く、地味な感じだが、こういうパターンが馬券的にはオイシイ。大穴はあまり期待できないが、**6番人気**、単勝オッズでは**15倍あたり**までが狙い目となる。

2～6番人気での成績は「4-1-3-10」で、勝率22.2%、複勝率44.4%、単勝回収値195、複勝回収値97と、さらに馬券収支は良くなる。

また、クラス別で見れば、やはりオープンクラスより**500万下～1600万下**の条件戦が良い。これらのクラスで2～6番人気に絞り込めば「4-1-2-3」で、勝率40.0%、複勝率70.0%、単勝回収値351、複勝回収値157までに跳ね上がる。2013年では、1月20日中京500万下で1着のコアレスドラード(4番人気)、7月27日小倉1000万下3着レインフォール(3番人気)がこのパターンに該当する。

武豊馬券の鉄則⑤1―太宰→武豊

◎おいしい乗替わり。買い!

◎条件戦の2～6番人気狙いが、必勝パターン!

×7番人気以下は消し!

㊾横山典弘→武豊

つねに人気となるバトンタッチだが…

横山典弘から武豊への乗替わりの成績は「4-2-2-25」で、勝率12.1%、複勝率24.2%、単勝回収値36、複勝回収値37。関東の有力騎手から、武豊騎手へ乗替わりとなれば、やはり人気になるパターンだ。**3番人気以内**の騎乗が17回と約半数を占める。

1番人気では「3-1-1-1」。2013年では、5月に行われた栗東Sのマルカバッケンを、6月に行われた相模湖特別（1000万下）のアミカブルナンバーを勝利に導いており、信頼度は高い。しかし、買えるのは人気馬のみだ。

単勝4番人気以下は「0-0-0-16」で、**単勝オッズ7倍以上**で「0-0-0-17」と、一度も3着以内がないので、これらに該当する馬なら迷わず消しで良い。

重賞では、この乗替わりはあまりなく、2010年阪神JFのダンスファンタジア（2番人気）と日経新春杯のサンライズマックス（3番人気）のみ。どちらも人気にはなったが、馬券には絡んでいない。

武豊馬券の鉄則㊾—横山典→武豊

◎1番人気は買い！

×単勝4番人気以下、単勝オッズ7倍以上は消し！

⑤③藤田伸二→武豊

番長からの乗替わりの実態は？

「藤田→武豊」の乗替わりの成績は「3-4-2-29」で、勝率7.9％、複勝率23.7％、単勝回収率29、複勝回収値64。勝利は3番人気以内のみで、4番人気以下は「0-1-0-23」。回収値は低く、穴馬もほとんど期待できないので、馬券的に**妙味はない**乗替わりだ。

藤田から武豊への乗替わりといえば、1993年～2009年の長きにわたり、複勝率40～50％程度を維持し、高いときには75％にもなる信頼度の高いパターンだった。実際、2009年の成績は「2-3-2-6」で複勝率53.8％と高水準を維持していたが、2010年には一転、成績は「0-0-0-10」と下降し、その後、2013年末にいたるまで、「1-1-0-13」と上がる気配がない。この連対した2度は未勝利戦でのもので、**500万下から上のクラス**では「0-0-0-19」で、3着以内は一度もない。

「番長」から「天才」への乗替わりと聞けば、期待はしたくなるが、この乗替わりは軽視でOK。

武豊馬券の鉄則⑤③―藤田→武豊

×近年急激に下降。消しでOK！

×500万下から上のクラスは絶対に消し!

㊿蛯名正義→武豊

同期の乗替わりは穴で狙え!

蛯名騎手と武豊はともに1969年3月の生まれで、JRA騎手学校では同級生。また、関東と関西の違いはあれ、ともに1987年に騎手デビューという同期の間柄である。そのような同期生同士の「蛯名→武豊」の乗替わりの成績は「4-4-3-32」で、勝率9.3%、複勝率25.6%、単勝回収値52、複勝回収値60である。**単勝3.0～6.9倍**の、ある程度人気になった馬が「0-1-1-16」と負けまくりで、回収値が低くなっているが、**5・6番人気**でともに1勝、**7番人気**では3着が2回。必ずしも買えない乗替わりではなく、とくに**中穴**には注意が必要だ。2013年では、2月の京都記念で勝ったトーセンラー(6番人気)、10月の愛宕特別(1000万下)3着のイッシンドウタイ(7番人気)が、この条件に該当する。なお中穴とはいえ、**単勝15倍以上**で「0-0-0-8」、**8番人気以下**は「0-0-0-5」なので、注意が必要だ。

人気サイドで馬券外に飛ぶことがある上に、**前走1着馬**の成績が「0-0-0-5」なので、前走勝っていた馬よりも**負けていた馬**、さらに言うと、**大敗馬**でも巻き返しが期待できる乗替わりである。

武豊馬券の鉄則㊿―蛯名→武豊

◎穴で買い!

◎7番人気まで、単勝オッズ15倍までが目安!

×人気サイド(～単勝6.9倍)では、思いきって消すのも手!

⑮北村友一、三浦皇成、和田竜二→武豊

人気でわかる「買い」「消し」の条件

単勝の人気で買い消しの判断がわかりやすい武豊への乗替わりの騎手は、北村友一、三浦皇成、和田竜二があげられる。

北村友一→武豊の成績は「5-3-3-19」で、勝率16.7％、複勝率36.7％、単勝回収値78、複勝回収値66。3着以内になったのは全て**5番人気以内**で、6番人気以下は「0-0-0-10」となっている。なお、**単勝オッズ2.9倍以内**なら「3-1-0-0」で連対率100％である。

三浦皇成→武豊は「2-3-2-25」で、勝率6.3％、複勝率21.9％、単勝回収値38、複勝回収値55。こちらも馬券内は全て**5番人気以内**、6番人気以下だと「0-0-0-10」だ。

以上の2パターンは**5番人気**を目安にしよう。

和田竜二→武豊の場合は「4-4-2-22」で、勝率12.5％、複勝率31.3％、単勝回収値48、複勝回収値66。こちらは**2番人気以内**で「4-2-2-5」で、複勝率61.5％とまずまず信頼できるが、3番人気以下は「0-2-0-17」となっている。ただし、**5番人気**と**7番人気**で連対があるので、押さえとして中穴まで注意は必要だ。

武豊馬券の鉄則⑮―北村友・三浦・和田→武豊

◎北村友→武豊は、単勝2.9倍以内で買い!

×北村友・三浦→武豊は6番人気以下で消し!

◎和田→武豊は、2番人気以内で買い!

㊻武幸四郎⇄武豊

兄弟間の乗替わりの実態は？

弟・武幸四郎騎手から兄・武豊への乗替わりを見てみよう。今回は武幸四郎デビュー年からの全成績を参照とする。

1997年以降、武幸四郎→武豊は「54-24-27-108」で、勝率25.4%、複勝率49.3%、単勝回収値93、複勝回収値81。単複とも高レベルの値で、1番人気にかぎると複勝率は74.3%もあり、非常に良い成績をあげているが、これは父・**武邦彦調教師**の存在が大きかった。

武邦彦厩舎の管理馬で、武幸四郎→武豊の成績は「11-1-5-22」。つまり、乗替わりの全54勝のうち11勝を父の厩舎であげており、勝率は28.2%（単勝回収値108）、複勝率43.6%（複勝回収値78）。さらに他厩舎にも、父の影響は少なからずあったと思われる。

その武邦彦調教師は2009年2月で引退。その年から、武幸四郎→武豊の乗替わりは激減し、成績も急降下した。当然といえば当然か。

●1997年～2008年（50-22-25-93）勝率26.3%　複勝率51.1%
●2009年～2013年（4-2-2-15）　勝率17.4%　複勝率34.8%

この傾向は、逆の**「武豊→武幸四郎」**の乗替わりにも当てはまる。

武豊→武幸四郎の全成績は「24-33-26-193」で、勝率8.7%、複勝率30.1%、単勝回収値74、複勝回収値72となっているが、このうち武邦彦厩舎では「7-10-2-21」で、勝率17.5%（単勝回収値208）、複勝率47.5%（複勝回収値112）と、やはり良い結果を残している。そして、同じように2009年から乗替わりが減り、成績も落ちている。

武兄弟の乗替わりは、このようなデータとなっているので、現状では、買いにくいのは確かだが、500万下ならまずまずの成績なので、狙ってみる価値はある。

【武幸四郎→武豊】

年度別成績

	1-2-3-4着以下数/戦	勝率	連対率	複勝率	回収値	
					単勝	複勝
1997年	3-0-2-8/13	23.1%	23.1%	38.5%	128	83
1998年	8-3-1-5/17	47.1%	64.7%	70.6%	241	148
1999年	8-3-3-9/23	34.8%	47.8%	60.9%	176	106
2000年	7-1-2-12/22	31.8%	36.4%	45.5%	67	63
2001年	0-1-1-4/6	0.0%	16.7%	33.3%	0	50
2002年	4-1-3-4/12	33.3%	41.7%	66.7%	75	93
2003年	5-4-2-6/17	29.4%	52.9%	64.7%	61	82
2004年	6-5-5-15/31	19.4%	35.5%	51.6%	55	78
2005年	4-0-2-7/13	30.8%	30.8%	46.2%	76	61
2006年	2-2-1-7/12	16.7%	33.3%	41.7%	24	59
2007年	1-1-3-6/11	9.1%	18.2%	45.5%	130	100
2008年	2-1-0-10/13	15.4%	23.1%	23.1%	71	41
2009年	2-1-0-1/4	50.0%	75.0%	75.0%	212	115
2010年	1-0-1-2/4	25.0%	25.0%	50.0%	95	70
2011年	0-1-1-3/5	0.0%	20.0%	40.0%	0	116
2012年	0-0-0-3/3	0.0%	0.0%	0.0%	0	0
2013年	1-0-0-6/7	14.3%	14.3%	14.3%	20	15
計	54-24-27-108/213	25.4%	36.6%	49.3%	93	81

【武豊→武幸四郎】

年度別成績

	1-2-3-4着以下数/戦	勝率	連対率	複勝率	回収値	
					単勝	複勝
1997年	2-4-2-19/27	7.4%	22.2%	29.6%	215	93
1998年	1-1-1-17/20	5.0%	10.0%	15.0%	11	18
1999年	1-6-2-20/29	3.4%	24.1%	31.0%	49	63
2000年	2-2-6-18/28	7.1%	14.3%	35.7%	46	86
2001年	3-0-2-2/7	42.9%	42.9%	71.4%	140	111
2002年	0-4-0-6/10	0.0%	40.0%	40.0%	0	194
2003年	2-2-2-21/27	7.4%	14.8%	22.2%	88	55
2004年	1-7-4-20/32	3.1%	25.0%	37.5%	4	55
2005年	2-1-3-6/12	16.7%	25.0%	50.0%	151	174
2006年	3-2-0-8/13	23.1%	38.5%	38.5%	136	65
2007年	3-2-0-11/16	18.8%	31.3%	31.3%	154	78
2008年	0-1-3-9/13	0.0%	7.7%	30.8%	0	87
2009年	1-0-0-10/11	9.1%	9.1%	9.1%	14	10
2010年	0-0-0-8/8	0.0%	0.0%	0.0%	0	0
2011年	1-1-0-3/5	20.0%	40.0%	40.0%	160	194
2012年	0-0-0-6/6	0.0%	0.0%	0.0%	0	0
2013年	2-0-1-9/12	16.7%	16.7%	25.0%	113	42
計	24-33-26-193/276	8.7%	20.7%	30.1%	74	72

●500万下のみ（2009年以降）

武幸四郎→武豊（3-2-2-5）勝率25.0% 複勝率58.3%
単勝回収値82 複勝回収値105

武豊→武幸四郎（3-0-1-8）勝率25.0% 複勝率33.3%
単勝回収値145 複勝回収値60

ちなみに、**「武豊→武幸四郎」の乗替わりの場合、1000万下から上のクラスでは「0-0-0-21」と、一度も馬券になっていない**ので、消しで良い。2013年の重賞では、神戸新聞杯のヤマイチパートナー（10着）や京阪杯のサイレントソニック（15着）がこれに該当する。

武豊馬券の鉄則㊻―武幸→武豊、武豊→武幸

×父引退の2009年以降は、どちらの乗替わりも低迷！

◎どちらの乗替わりも500万下なら狙える！

×武豊→武幸四郎は、1000万下から上のクラスは消し！

㊼乗替わりなし

騎乗馬のキャリアに注目せよ!

次は、前走・武豊→今走・武豊。つまり、乗替わりなく連続騎乗したときの成績となる。2009年以降は「162-143-111-611」で、勝率15.8%、複勝率40.5%、単勝回収値62、複勝回収値74となっている。この成績を平均値として、**勝率**と**複勝率**が大幅にUPするパターンを以下に紹介したいと思う。なお、回収値は100%を超えた場合のみ記載することとする。

●単勝オッズ

1.0～1.4倍（10-3-1-1）勝率66.7%　複勝率93.3%

1.5～1.9倍（38-10-12-25）勝率44.7%　複勝率70.6%

●調教師

池江泰寿（7-3-3-16）勝率24.1%　複勝率44.8%

荒川義之（6-0-2-7）勝率40.0%　複勝率53.3%　**単勝回収値146**

五十嵐忠男（3-3-2-6）勝率21.4%　複勝率57.1%　**単勝回収値189　複勝回収値107**

●クラス

1600万下（15-9-2-34）勝率25.0%　複勝率43.3%　**単勝回収値113**

●コース

東京芝1800m（6-7-3-9）勝率24.0%　複勝率64.0%

京都芝2000m（7-4-5-13）勝率24.1%　複勝率55.2%　**単勝回収値116**

●種牡馬

ディープインパクト（20-10-7-40）勝率26.0%　複勝率48.1%

ステイゴールド（3-3-3-4）勝率23.1%　複勝率69.2%　**単勝回収値173　複勝回収値133**

●前走着順・着差

前走2着馬（58-34-22-85）勝率29.1％　複勝率57.3％

前走・着差0.0秒負け（23-20-11-29）勝率27.7％　複勝率65.1％

●前走人気

前走・同クラスで1番人気（51-37-21-88）勝率25.9％ 複勝率55.3％

●キャリア

4戦（19-8-7-35）勝率27.5％　複勝率49.3％　**単勝回収値119**

以上、ほんの一部にすぎないが、色々な角度から掲載してみた。

中でも面白いデータは「キャリア」。キャリア4戦、つまり**デビュー5戦目**の馬で活躍が多いことだ。19勝のうち未勝利の勝ち上がりは11勝もある。重賞では4勝2着1回3着1回で、着外はわずか1回（4着）。2009年リーチザクラウンのきさらぎ賞、ブレイクランアウトの共同通信杯、2010年弥生賞のヴィクトワールピサ、そして2013年毎日杯のキズナ、秋華賞2着スマートレイアーなどが5戦目だった。

武豊馬券の鉄則㊲—乗替わりなし

◎調教師は池江、荒川などが買い！

◎コースは東京芝1800m、京都芝2000m！

◎前走の着順・着差・人気もチェック！

◎デビュー5戦目が買い！

㊽浜中、藤岡佑、四位

武豊からの乗替わり…買えるパターン、消せるパターン　その1

今度は、武豊から他の騎手への乗替わりを見ていこう。

まずは、**武豊→浜中俊**だ。2009年以降の成績は「16-7-5-44」で、勝率22.2%、複勝率38.9%、単勝回収値184、複勝回収値99。

単勝はベタ買いでもプラス収支で、**勝率22.2%**は、武豊からの乗替わりの中では（騎乗機会30回以上）、トップの成績となっている。

とくに**2番人気以内**での成績は「8-4-1-3」で、複勝率81.3%と高確率で馬券になり、信頼度が高い。**6番人気**で4勝、**8番人気・11番人気**で各1勝と穴馬も期待できる。2012年産経大阪杯では、武豊で勝ちきれなかったショウナンマイティで勝利をおさめた。

武豊→藤岡佑介も買えるパターンだ。成績は「8-6-2-25」で、勝率19.5%、複勝率39.0%、単勝回収値205、複勝回収値163。**回収値**は、単複とも武豊への乗替わりデータの中では一番良い。

武豊から藤岡佑に乗替わりとなれば、前走から人気落ちになることが多く、**馬券的にはオイシイ**。狙いはオープンクラスより、未勝利や条件戦だ。**未勝利〜 1600万下**では「7-6-1-16」で、勝率23.3%、複勝率46.7%、単勝回収値275、複勝回収値196にもなる。

武豊→四位洋文の成績は「9-3-2-28」で、勝率21.4%、複勝率33.3%、単勝回収値76、複勝回収値67。勝率・複勝率は悪くないが、穴馬の好走はほとんどなく、回収値は低い。勝利は全て**3番人気以内**であげており、4番人気以下になると「0-2-0-18」。1番人気なら「5-0-0-1」、単勝オッズ3.9倍以内なら「6-0-0-2」と高い確率で1着に来ている。

さらに、**未勝利〜 1000万下**のクラスに実績が集中し、1600万下〜オープン特別・重賞は「0-0-0-10」と苦戦している。

武豊馬券の鉄則㊽—武豊→浜中・藤岡佑・四位

◎武豊→浜中・藤岡佑は買い！ 穴馬にも注目！

◎藤岡佑は条件戦が特にオススメ！

◎武豊→四位は人気で買い！ 5番人気以下、および1600万下以上のクラスは割引！

⑲岩田、福永、内田

武豊からの乗替わり…買えるパターン、消せるパターン　その2

武豊から岩田康誠への乗替わりの成績は「10-9-7-26」で、勝率19.2％、複勝率50.0％、単勝回収値74、複勝回収値130。高い確率で馬券になる乗替わりで、複勝回収値がプラスだ。

重賞でも強く、テン乗りのヴィクトワールピサで2010年の皐月賞を勝利し、同じく2011年のマイラーズCでもテン乗りの14番人気クレバートウショウを2着に持ってきている。**重賞**では特に注目したい乗替わりとなっている。

武豊→福永祐一の乗替わりは「12-14-16-37」で、勝率15.2％、複勝率53.2％、単勝回収値67、複勝回収値109。こちらも複勝率が高く、複勝回収値はプラス。

2番人気以内は「9-9-10-9」の成績で、勝率24.3％、複勝率75.7％。**単勝オッズ4.9倍以内**は「9-11-10-8」で勝率23.7％、複勝率78.9％と、人気のわりに勝ちきれないのがネックだが、非常に安定して馬券に絡んでいる。

武豊→内田博幸の乗替わりは「8-6-6-34」で、勝率14.8、複勝率37.0％、単勝回収値37、複勝回収値63。

勝利は全て**3番人気以内**であげており、単勝回収値は極端に低い。狙うなら**単勝3.9倍以内**の人気サイドだ。これだと「7-1-4-4」で、複勝率は75.0％なので、まずまず安定して馬券になっている。

穴馬は**7番人気**まで連対があるが、**単勝20倍以上**になると「0-0-0-11」なので、消しでOKだ。また、重賞でも「0-0-1-8」と苦戦の傾向が見られる。

武豊馬券の鉄則㊾—武豊→岩田・福永・内田

◎武豊→岩田・福永は安定。複勝回収値がプラス。

◎とくに岩田は重賞で買い!

×武豊→内田は、単勝20倍以上で消し。重賞も苦戦!

60 Mデムーロ、ルメール他

武豊から外国人騎手への乗替わりは？

本章の最後では、武豊から外国人騎手への乗替わりを見ていこう。

武豊→外国人騎手の乗替わりの成績は「17-9-9-62」で、勝率17.5%、複勝率36.1%。対して、**武豊→日本人騎手**の乗替わりは勝率13.2%、複勝率34.8%。比較すると、勝率は**外国人騎手**の方が高く、やはり勝負強いことがわかる。

日本に来る代表的な外国人騎手といえば、M《ミルコ》デムーロ、ルメールといったところだろう。

まず、**武豊→Mデムーロ**の乗替わりの成績は「5-2-3-18」で、勝率17.9%、複勝率35.7%、単勝回収値88、複勝回収値116。

重賞では、2013年の朝日チャレンジCをハナズゴール（6番人気）で3着、2011年のきさらぎ賞ではトーセンラー（3番人気）で勝利。2009年にはアーリントンCで12番人気のマイネルエルフを2着に持ってきているが、これらは全てテン乗りである。

複勝回収値が高く、**重賞**に実績があるので、岩田騎手と傾向は似ている。ただし**1番人気**は「2-0-0-6」と意外に人気を裏切ることが多いので注意したい。

武豊→ルメールの乗替わりの成績は「3-2-3-9」で、勝率17.6%、複勝率47.1%、単勝回収値125、複勝回収値98。

なお、**1番人気**では「2-2-0-0」で、連対率100%である。2009年のジャパンカップでは1番人気に支持されたウオッカで勝利をおさめており、プレッシャーに負けない勝負強さを見せている。

ただし、**ダート**は「1-0-1-5」とやや苦戦している。この1勝は1番人気でのもので、2番人気以下は「0-0-1-5」となっている。

その他の外国人騎手への乗替わりの成績を以下に掲載する。

●武豊→Cデムーロ（3-1-1-4）
→勝率33.3%　複勝率55.6%　単勝回収値140　複勝回収値116

●武豊→ウィリアムズ（1-1-0-8）
→勝率10.0%　複勝率20.0%　単勝回収値33　複勝回収値38

●武豊→スミヨン（1-0-0-4）
→勝率20.0%　複勝率20.0%　単勝回収値32　複勝回収値22

データは少ないものの、Mデムーロの弟である**C《クリスチャン》デムーロ**は買えるパターンだ。一方、ウィリアムズ、スミヨンはイマイチの成績だ。

武豊から外国人騎手へ乗替わりとなれば、注目度が増すことが多いが、必ずしも全てが買いではないことを覚えておこう！

武豊馬券の鉄則60―武豊→外国人騎手

◎武豊→Mデムーロは買い！　複勝回収値が高く、重賞にも強い！

×Mデムーロは1番人気を裏切ることも！

◎武豊→ルメールは1番人気で買い！

×武豊→ルメールはダートで消し！

◎武豊→Cデムーロは買い！

PART 6

「馬主」で分かる
武豊の買い時・消し時

◎

(61)松本好雄――「メイショウ」はピンポイトで攻めよ!

(63)金子真人HD――ディープの馬主も近年は…

(65)栄進堂――「エイシン」は明らかな勝負サインあり!

(67)H.H.シェイク・モハメド――狙いを絞るなら、この馬!

(69)渡辺孝男――「アグネス」ワールドほどの人気がなくても…

(71)ノースヒルズM――キズナの馬主は買いか? 消しか?

●番外編――サラブレッドクラブ・ラフィアン、島川隆哉

㊿松本好雄

「メイショウ」はピンポイントで攻めよ!

この章では、馬主についてとり上げていきたい。つまり、所有馬に対して武豊の騎乗機会が30回以上ある馬主をとりあげ、過去5年間（2009年～2013年終了時点）のデータに基づいて分析する。

まずは、現在の武豊の騎乗で最も多く、冠名**メイショウ**で知られる大馬主**松本好雄**氏から見ていこう。

メイショウの競走馬と武豊といえば、有名なところはやはりメイショウサムソンだろう。2007年凱旋門賞挑戦が決まった時、松本好雄氏本人の意向で武豊を指名したのはよく知られている話。馬インフルエンザの影響でこの年の遠征は中止になってしまったが、武豊をひいきにしていることがよくわかるエピソードだ。

他では、メイショウカイドウやメイショウバトラーなど様々な馬が活躍し、2011年頃からは、主戦騎手として、さらに多く騎乗し、その数は年間50～70にもなる。重賞では、2013年、メイショウナルトで小倉記念を勝利した。

そんな馬主・**松本好雄**氏との関係が長年続いているが、このコンビでの過去5年間の成績は「36-27-35-158」で、勝率14.1％、複勝率38.3％、単勝回収値59、複勝回収値82。1番人気は勝率29.4％、複勝率51.0％しかなく、穴馬もあまり馬券に絡むことがないので、**馬券的には買いにくい**データとなっている。良血とはいえない安い馬が多く、購入先は中小牧場が中心。個人的にはこういう渋い馬が活躍するのはけっこう好きだが、馬券として考えると、武豊で人気が出てしまうので、かなり買いづらい傾向がある。

しかし、買えるポイントがいくつかあるので紹介しよう。

まずは、**小倉競馬場**。ここでの成績は「9-3-6-16」で、勝率26.5％、

【松本好雄】

人気別成績

	1-2-3-4 着以下数 / 戦	勝率	連対率	複勝率	回収値	
					単勝	複勝
1 番人気	15-3-8-25/51	29.4%	35.3%	51.0%	69	67
2 番人気	13-12-8-22/55	23.6%	45.5%	60.0%	95	97
3 番人気	4-4-7-22/37	10.8%	21.6%	40.5%	66	83
4 番人気	2-4-2-19/27	7.4%	22.2%	29.6%	55	65
5 番人気	0-1-3-20/24	0.0%	4.2%	16.7%	0	48
6 番人気	2-0-3-13/18	11.1%	11.1%	27.8%	139	96
7 ～ 9 番人気	0-3-1-25/29	0.0%	10.3%	13.8%	0	63
10 番人気～	0-0-3-12/15	0.0%	0.0%	20.0%	0	185
計	36-27-35-158/256	14.1%	24.6%	38.3%	59	82

競馬場別成績

	1-2-3-4 着以下数 / 戦	勝率	連対率	複勝率	回収値	
					単勝	複勝
札幌	0-0-0-1/1	0.0%	0.0%	0.0%	0	0
函館	0-0-0-3/3	0.0%	0.0%	0.0%	0	0
福島	0-0-0-0/0	0.0%	0.0%	0.0%	0	0
新潟	0-0-3-3/6	0.0%	0.0%	50.0%	0	103
東京	3-4-7-21/35	8.6%	20.0%	40.0%	23	92
中山	1-3-2-4/10	10.0%	40.0%	60.0%	36	95
中京	1-2-1-14/18	5.6%	16.7%	22.2%	28	85
京都	13-12-9-50/84	15.5%	29.8%	40.5%	67	75
阪神	9-3-7-46/65	13.8%	18.5%	29.2%	51	62
小倉	9-3-6-16/34	26.5%	35.3%	52.9%	135	127

集計期間：2009 年 1 月～ 2013 年終了時点

複勝率52.9％、単勝回収値135、複勝回収値127。単複とも回収値がプラスで、約2回に1回は馬券になることを物語っている。

あとは、**飯田明弘厩舎**も是非、押さえてほしい。この厩舎で「メイショウ」といえば、息子・飯田祐史騎手が騎乗することが多かったが、2013年2月で調教師試験合格のため引退した。そのため、この厩舎のメイショウの馬は武豊が騎乗するようになってきている。2013年は6戦して3勝、単勝回収値は231と好成績だ。

なお、飯田明弘調教師は2014年2月末で引退したため、「メイショウ」とのつながりは、新規開業する**飯田祐史厩舎**に移ることが予想される。今後は、この厩舎と武豊に注目だ。

松本好雄氏の息子・**松本好隆**氏の所有馬での成績は「4-3-5-30」で、勝率9.5%、複勝率28.6%、単勝回収値100、複勝回収値62。所有馬自体が多くないので、騎乗は年に10回ほどだが、重賞では、2012年のフラワーCでメイショウサザンナが2着に入っている。

騎乗機会が少ないので判断が難しいが、勝利は**6番人気**までだと考えてほしい。7番人気以下では「0-0-0-10」なので、人気薄は消し。**未勝利・500万下**のレースで6番人気以内だと、「4-2-5-9」の成績で、勝率20.0%、複勝率55.0%、単勝回収値210、複勝回収値122と非常に良い。狙いはここだ。

武豊馬券の鉄則㊶—松本好雄

◎小倉競馬場が狙い目!

◎飯田明弘調教師引退により、飯田祐史厩舎に注目!

◎松本好隆の所有馬は、未勝利〜500万下の6番人気以内が買い!

㊷キャロットファーム

社台生産馬を攻めるならここ!

キャロットファームは、一口馬主のクラブ法人。所有する競走馬のほとんどが、ノーザンファームか社台コーポレーション白老ファームの生産で、**社台色が非常に濃い**馬主であるが、武豊騎乗で毎年安定した成績を残しているのが特徴だ。

過去5年の成績は「15-9-10-26」で、勝率25.0%、複勝率56.7%、単勝回収値74、複勝回収値113。騎乗する馬の約7割が**3番人気以内**と人気サイドが中心だが、その70%が馬券になる。

単勝オッズ1倍台〜4倍台の人気馬なら「14-4-7-8」で、勝率42.4%、複勝率75.8%、単勝回収値119、複勝回収値108。なんと、**人気馬**を買い続けるだけでプラス収支になるのだ。

2013年の成績は「3-2-2-4」で、複勝率63.6%と、相変わらず安定した成績を残しており、トゥザグローリーの全妹トゥザレジェンドやフラガラッハの半弟フェルメッツァなどに騎乗している。

武豊馬券の鉄則㊷―キャロットF

◎単勝1〜4倍台は絶対に買い!

⑥③金子真人HD

ディープの馬主も近年は…

金子真人氏といえば、ディープインパクトの馬主としてよく知られ、他にもアパパネ、カネヒキリ、サイレントディール、デニムアンドルビーなどの活躍馬がいる。なお、もともとは「金子真人」という個人名義で馬主登録をしていたが、2005年に「金子真人ホールディングス」という法人名義へと変更した。

武豊とディープインパクトの活躍は言うまでもないが、金子真人氏の所有馬には、非常に多く騎乗し、好成績をおさめてきた。

しかし、武豊と社台との関係が悪化したといわれる頃から、明らかに騎乗依頼が減ってしまった。2004～2010年は年間20～30回あったが、2011年は5回、2012年は1回、2013年は4回と激減。

2011年以降の全成績は「3-0-1-6」で、計10回と非常に騎乗機会が少ないが**3勝**している。**5番人気以内**に限ると「3-0-1-3」で、勝率42.9％、単勝回収値300となっている。この馬主の騎乗は少ないとはいえ、狙うなら人気サイドだ。

武豊馬券の鉄則⑥③―金子真人HD

◎近年は騎乗激減も、人気サイドで狙え！

⑥④大川徹

「スマート」は消して妙味あり！

スマートが冠名の馬主・大川徹氏。武豊が騎乗した所有馬では、スマートファルコンなどが活躍し、2013年にはスマートレイアーが秋華賞2着に入った。

武豊が騎乗した過去5年の成績は「11-13-5-58」で、勝率12.6％、複勝率33.3％、単勝回収値41、複勝回収値58。人気になるが負けることも多く、穴馬にはほとんど期待できない成績となっている。

11勝全てが1番人気か2番人気であげており、**5番人気以下**では「0-0-2-22」で連対なし。**7番人気以下**になると「0-0-0-12」で3着以内なしといった、人気サイドに偏ったデータだ。**1番人気**でも勝率23.1％、複勝率50.0％と信頼度に欠ける。特に**単勝オッズ2倍以上になった1番人気**は「2-3-2-11」で、勝率11.1％、複勝率38.9％と、ことごとく人気を裏切っているので、注意が必要だ。

2番人気は「5-4-1-8」で、勝率27.8％、単勝回収値は130あり、複勝率も55.6％と平均以上。狙うならここだ。2013年は「3-4-0-2」で、複勝率77.8％を記録しており、非常に安定している。

武豊馬券の鉄則⑥④―大川徹

×基本的に消しでOK！

◎2番人気だけが狙い目！

⑮栄進堂

「エイシン」は明らかな勝負サインあり!

エイシンまたは**エーシン**の冠名は、会社名義である**栄進堂**の他に、平井豊光氏（2013年3月逝去）個人の所有、その息子である平井宏承氏、平井克彦氏の所有もあるが、今回は**栄進堂のみ**の成績で見ていく。

栄進堂と武豊の過去5年の成績は「11-5-5-23」で、勝率25.0%、複勝率47.7%、単勝回収値109、複勝回収値85。単勝回収値はプラスとなっており、**1番人気**では複勝率83.3%ととても良い成績だ。

注目すべきポイントは、10勝をあげている未勝利〜1600万下。つまり、**未勝利戦や条件戦**を勝ち上がるときは、武豊が騎乗することが多いということだ。特に**前走で2〜5着**に負けているような馬がいたらチェックしてほしい。

●未勝利戦〜1600万下・前走2〜5着の馬（9-2-3-5）
→勝率47.4% 複勝率73.7% 単勝回収値222 複勝回収値122

馬券に絡む確率が高いのはもちろん、勝ち上がり率がかなり高い。当然、回収値はプラスになっている。

武豊馬券の鉄則⑮—栄進堂

◎1番人気は複勝率80%以上!

◎未勝利戦・条件戦で、前走2〜5着馬を狙え!

⑯市川義美

「ピサ」の軸馬としての信頼度は？

市川義美氏は、ヴィクトワールピサの馬主として知られているが、冠名が**ピサ**にかぎられることはない。他にも、デスペラード、オールザットジャズ、バアゼルリバーなど、重賞でもおなじみの馬を所有している。デスペラードは、武豊騎乗で2013年の万葉S1着、阪神大賞典2着などがあり、長距離戦線で活躍している。

市川義美氏所有馬での武豊の成績は「10-7-2-14」で、勝率30.3％、複勝率57.6％、単勝回収値56、複勝回収値98。勝率が30％もあるのに、回収値が56しかないのは、「アレ？」と思うかもしれないが、それもそのはず、10勝全ては**1番人気**であげたものである。2番人気以下は「0-4-1-10」の成績だが、1番人気になると成績は抜群だ。

●1番人気（10-3-1-4）

→勝率55.6％　複勝率77.8％　単勝回収値102　複勝回収値91

また、**単勝オッズ1倍台**に支持されれば「8-2-0-0」で、複勝率100％。また、**1000万下、1600万下、オープン特別、重賞**で1番人気に支持された馬では6戦6勝と全て勝っている。

武豊馬券の鉄則⑯―市川義美

◎1番人気のみ狙え！　1倍台は複勝率100％！

◎1000万下～オープン特別・重賞で1番人気は勝率100％！

⑰ H.H.シェイク・モハメド

狙いを絞るなら、この馬!

H.H.シェイク・モハメド氏は、ドバイの首長であり、世界でも有数のオーナーブリーダーである。ゴドルフィン設立、ドバイワールドカップ創設、日本ではダーレー・ジャパン・レーシングを設立している。そして、2009年に日本国外居住者の馬主の第一号となった。

最近の活躍は目ざましく、所有馬にはアルキメデス、レディオブオペラ、ディサイファなどがおり、今、一番注目できる馬主だろう。

武豊の騎乗成績は「8-10-10-28」で、勝率14.3%、複勝率50.0%、単勝回収値81、複勝回収値114。**勝率**はやや物足りないが、**複勝率**は50.0%で、複勝回収値もプラスだ。勝率が低いのは、**関東・小島太厩舎**が原因となっている。モハメド&小島太&武豊ラインでの成績は「1-7-4-11」で、勝率4.3%、複勝率52.2%、単勝回収値12、複勝回収値126。よく馬券に絡んではいるのだが「小島太&武豊」はとにかく**勝ちきれない**ので、注意が必要だ。ということで、狙いは**関西所属厩舎**。「7-3-6-16」で、勝率21.9%、複勝率50.0%、単勝回収値132、複勝回収値109と良い成績になっている。

武豊馬券の鉄則⑰—H.H.シェイク・モハメド

◎関西厩舎に狙いを絞れ!

×小島太厩舎は勝ちきれない!

⑱社台RH、サンデーR

やはり消しでOK!!

社台レースホースとサンデーレーシングは、社台グループが運営する一口クラブ馬主である。現在、社台と武豊の関係は徐々に修復しているようだが、社台レースホースとサンデーレーシングにおいては、騎乗依頼は少なく、以前のように重賞で活躍する馬に乗ることはない（橋口厩舎は例外）。2011～2013年の成績は次のとおりだ。

●社台RH（1-3-1-22）
→勝率3.7％　複勝率18.5％　単勝回収値19　複勝回収値42

●サンデーR（3-3-6-29）
→勝率7.3％　複勝率29.3％　単勝回収値27　複勝回収値73

回収値が低く、狙えないデータとなっている。

基本的に人気薄は消し、人気サイドはそれほど信用できないが、押さえ程度で注意すればOK。

武豊馬券の鉄則⑱―社台RH、サンデーR

×人気薄は消し、人気サイドは押さえまで

⑲渡辺孝男

「アグネス」ワールドほどの人気がなくても…

冠名アグネスの渡辺孝男氏といえば、アグネスタキオンなど数多くの名馬の馬主だ。武豊が主戦といえば、スプリント戦線で活躍したアグネスワールドが有名で、日本のGIは未勝利だが（海外GIは2勝）、常に人気を背負うことが宿命のような超快速馬だった。

最近の渡辺氏は重賞で活躍する所有馬があまりいないが、馬券的には狙いどころが多い。武豊の過去5年の騎乗成績は、「8-2-4-21」で、勝率22.9％、複勝率40.0％、単勝回収値**144**、複勝回収値89。単勝回収値がよく、買えるデータとなっている。8勝全てを**4番人気以内**であげているので、狙いは4番人気以内に絞り込んだほうが良い。

●4番人気以内の成績（8-2-4-8）
→勝率36.4％　複勝率63.6％　単勝回収値229　複勝回収値142

5番人気以下だと「0-0-0-13」で、まったく馬券に絡んでいないので、買い消しの目安がとてもわかりやすい。

武豊馬券の鉄則⑲—渡辺孝男

◎4番人気以内が買い！

×5番人気以下は消し！

⑳松岡隆雄

「サンライズ」は乗替わりの欄に注目!

松岡隆雄氏の所有馬といえば、サンライズマックス、サンライズバッカス、サンライズベガ、サンライズプリンスという「サンライズ」の冠馬にとどまらず、サンアディユ、ブラボーデイジーなど、渋い活躍を見せた馬が多く、馬券的には妙味がある馬主である。

武豊騎乗では「7-5-2-22」で、勝率19.4%、複勝率38.9%、単勝回収値105、複勝回収値78。なお、**単勝オッズ3.9倍以内**にかぎると「5-3-1-0」で、複勝率100%となっている。

また、狙い目としては、以下の点に注目しておけばOK。

●新馬～500万下

●前走から乗替わりなく武豊騎乗

●単勝6番人気以内

これら全てに該当した場合は「6-2-0-6」で、勝率42.9%、複勝率57.1%、単勝回収値246、複勝回収値102と、非常に優秀だ。

武豊馬券の鉄則⑳―松岡隆雄

◎単勝オッズ3.9倍以内は複勝率100%!

◎新馬～500万下で「6番人気以内」「乗替わりなし」を狙え!

×7番人気以下は消し!

⑪ノースヒルズM

キズナの馬主は買いか？ 消しか？

ノースヒルズマネジメントは、オーナーブリーダーであり、馬主名義の登録には「ノースヒルズ」「前田幸治」「前田晋二」「前田葉子」がある。2013年の日本ダービーを制し、凱旋門賞に挑戦したキズナは前田晋二氏所有、ファンタジーS勝ちのベルカントはノースヒルズ所有、2012年の京都記念勝ちやアメリカ、ドバイ遠征をしたトレイルブレイザーは 前田幸治氏所有となっている。

武豊を背に1998年の桜花賞を制したファレノプシスからも分かるとおり、ノースヒルズマネジメントと武豊は昔から良好な関係だ。多くの騎乗機会があり、重賞も多数勝利。海外にも武豊とともに遠征している。

馬主の名義別に記すが、2009年以降の武豊騎乗での成績は次のとおりだ。

●ノースヒルズ（4-2-2-16）

→勝率16.7％　複勝率33.3％　単勝回収値56　複勝回収値62

●前田幸治（6-3-4-51）

→勝率9.4％　複勝率20.3％　単勝回収値43　複勝回収値50

●前田晋二（3-1-3-9）

→勝率18.8％　複勝率43.8％　単勝回収値36　複勝回収値66

●前田葉子（0-0-0-7）

→勝率0.0％　複勝率0.0％　単勝回収値0　複勝回収値0

どの馬主を見ても、目立って良い成績というわけではなく、**回収値も低く**、買えるデータとは言い難い。

「メイショウ」の松本氏のデータでもそうだったが、馬主との関

【武豊&○○】人気別成績

ノースヒルズ

	1-2-3-4 着以下数 / 戦	勝率	連対率	複勝率	回収値	
					単勝	複勝
1 番人気	3-1-1-3/8	37.5%	50.0%	62.5%	90	81
2 番人気	0-0-0-0/0	0.0%	0.0%	0.0%	0	0
3 番人気	0-0-0-4/4	0.0%	0.0%	0.0%	0	0
4 番人気	1-1-1-2/5	20.0%	40.0%	60.0%	124	170
5 番人気	0-0-0-3/3	0.0%	0.0%	0.0%	0	0
6 番人気	0-0-0-0/0	0.0%	0.0%	0.0%	0	0
7～9 番人気	0-0-0-2/2	0.0%	0.0%	0.0%	0	0
10 番人気～	0-0-0-2/2	0.0%	0.0%	0.0%	0	0
計	4-2-2-16/24	16.7%	25.0%	33.3%	56	62

前田幸治

	1-2-3-4 着以下数 / 戦	勝率	連対率	複勝率	回収値	
					単勝	複勝
1 番人気	4-0-1-6/11	36.4%	36.4%	45.5%	84	56
2 番人気	1-2-1-6/10	10.0%	30.0%	40.0%	36	70
3 番人気	0-0-1-11/12	0.0%	0.0%	8.3%	0	21
4 番人気	0-0-1-7/8	0.0%	0.0%	12.5%	0	27
5 番人気	1-0-0-7/8	12.5%	12.5%	12.5%	181	31
6 番人気	0-0-0-4/4	0.0%	0.0%	0.0%	0	0
7～9 番人気	0-1-0-4/5	0.0%	20.0%	20.0%	0	238
10 番人気～	0-0-0-6/6	0.0%	0.0%	0.0%	0	0
計	6-3-4-51/64	9.4%	14.1%	20.3%	43	50

前田晋二

	1-2-3-4 着以下数 / 戦	勝率	連対率	複勝率	回収値	
					単勝	複勝
1 番人気	3-1-0-1/5	60.0%	80.0%	80.0%	116	100
2 番人気	0-0-2-2/4	0.0%	0.0%	50.0%	0	30
3 番人気	0-0-0-2/2	0.0%	0.0%	0.0%	0	0
4 番人気	0-0-0-0/0	0.0%	0.0%	0.0%	0	0
5 番人気	0-0-0-1/1	0.0%	0.0%	0.0%	0	0
6 番人気	0-0-1-1/2	0.0%	0.0%	50.0%	0	215
7～9 番人気	0-0-0-2/2	0.0%	0.0%	0.0%	0	0
10 番人気～	0-0-0-0/0	0.0%	0.0%	0.0%	0	0
計	3-1-3-9/16	18.8%	25.0%	43.8%	36	66

集計期間：2009 年 1 月～ 2013 年終了時点

係が良好だからこそ、良い馬がまわってくるが、逆に言うと、勝負にならなくても乗らなければならない馬も多く、馬券的な狙い所が分かりづらいのは確かだろう。

ただ、やはり勝負どころと思われる**1番人気に支持された馬**と**重賞で5番人気以内に支持された馬**は買っておくべきだ。

1番人気は「10-2-2-11」で、勝率40.0％。重賞で5番人気以内は「5-1-2-4」で勝率41.7％と、勝つ確率はとても高くなっている。

やはり、ここぞという時の勝負では強いので、人気に逆らってはいけない。

武豊馬券の鉄則㉛—ノースヒルズM

×騎乗回数が多く、狙いを絞るべし!

◎1番人気に支持された馬は買い!

◎重賞で5番人気以内は買い!

㉗永井啓弌

「スズカ」の馬は生産牧場に注目!

主に**スズカ**の冠名の馬を所有している**永井啓弌**氏は、スズカフェニックス、サイレンススズカなどの馬主として有名だ。また、**永井商事**という法人名義では、**スリー**という冠名を使用し、活躍馬は少ないが、スリーアベニュー、スリーロールスなどがいる。それぞれの武豊騎乗の成績は次のとおりだ。

●永井啓弌(6-3-0-37)

→勝率13.0%　複勝率19.6%　単勝回収値83　複勝回収値46

●永井商事(6-2-2-7)

→勝率35.3%　複勝率58.8%　単勝回収値125　複勝回収値94

「永井啓弌」所有馬では、騎乗のほとんどが**橋田満厩舎所属**かつ**グランド牧場生産馬**で、その成績は「6-3-0-18」で、勝率22.2%、複勝率33.3%、単勝回収値141、複勝回収値78。それ以外になると「0-0-0-19」なので、狙えるのはグランド牧場・橋田厩舎のみだ。

「永井商事」所有馬は、なかなか良いデータだ。**特に2番人気以内**に支持されれば「5-1-1-0」で、複勝率100%。ぜひ狙ってみたい。

武豊馬券の鉄則㉗—永井啓弌

◎「スズカ」は、グランド牧場かつ橋田厩舎で狙え!

◎「スリー」は、2番人気以内を狙え!

番外編――サラブレッドクラブ・ラフィアン、島川隆哉

ここでは、過去5年で騎乗回数が30回に満たないものの、2014年のクラシック戦線をにぎわすトーセンスターダムの馬主・島川隆哉氏、そして、マイネルの冠名でおなじみのサラブレッドクラブ・ラフィアンに武豊が騎乗したときの成績を紹介する。

【武豊&○○】人気別成績

島川隆哉

	1-2-3-4着以下数 / 戦	勝率	連対率	複勝率	回収値	
					単勝	複勝
1番人気	3-0-2-4/9	33.3%	33.3%	55.6%	51	65
2番人気	1-0-1-0/2	50.0%	50.0%	100.0%	235	160
3番人気	0-1-2-3/6	0.0%	16.7%	50.0%	0	166
4番人気	0-0-0-2/2	0.0%	0.0%	0.0%	0	0
5番人気	0-0-0-0/0	0.0%	0.0%	0.0%	0	0
6番人気	1-0-0-0/1	100.0%	100.0%	100.0%	920	260
7～9番人気	0-0-0-3/3	0.0%	0.0%	0.0%	0	0
10番人気～	0-0-0-0/0	0.0%	0.0%	0.0%	0	0
計	5-1-5-12/23	21.7%	26.1%	47.8%	80	94

サラブレッドクラブ・ラフィアン

	1-2-3-4着以下数 / 戦	勝率	連対率	複勝率	回収値	
					単勝	複勝
1番人気	0-0-0-1/1	0.0%	0.0%	0.0%	0	0
2番人気	0-1-0-1/2	0.0%	50.0%	50.0%	0	55
3番人気	0-0-1-2/3	0.0%	0.0%	33.3%	0	70
4番人気	1-0-0-3/4	25.0%	25.0%	25.0%	152	50
5番人気	0-1-0-2/3	0.0%	33.3%	33.3%	0	126
6番人気	0-0-0-0/0	0.0%	0.0%	0.0%	0	0
7～9番人気	0-0-0-0/0	0.0%	0.0%	0.0%	0	0
10番人気～	0-0-0-1/1	0.0%	0.0%	0.0%	0	0
計	1-2-1-10/14	7.1%	21.4%	28.6%	43	64

集計期間：2009年1月～2013年終了時点

PART 7
武豊で「おいしい馬券の山」を築く法

(73) G I レース、「買い」「消し」のサインはこれだ!

(76)【ケーススタディ①】第61回京都新聞杯(GⅡ)
——このレース、武豊は買いか? 消しか?

(78)【ケーススタディ③】三年坂特別(1000万下)

(80)【ケーススタディ⑤】3歳上500万下

⑬GⅠレース、「買い」「消し」のサインはこれだ！

この章の前半では、GⅠ、GⅡ、GⅢに分けて重賞レースについての分析を行い、後半では実践に即した「練習問題」を出題していきたい。

まずは、武豊のGⅠレースでの狙い時についてふれるが、ここからは過去3年（2011年～2013年終了時点）のデータに基づいて分析を行っていく。

●GⅠの成績　「3-3-3-48」
→勝率5.3％　複勝率15.8％　単勝回収値32　複勝回収値51

●GⅠの勝ち馬
2013年マイルCS　トーセンラー（2番人気）
2013年日本ダービー　キズナ（1番人気）
2012年マイルCS　サダムパテック（4番人気）

この3年間で武豊はGⅠを3勝している。

2012年のマイルCSでの勝利は「武豊復活」と騒がれ、2013年の日本ダービーのキズナは久々の「ユタカコール」で盛り上がりを見せた。そして、2013年のマイルCSはトーセンラーでの勝利で、GⅠ百勝の大記録を達成した。

何かと話題の多い武豊のGⅠ勝利。さすが、日本を代表するジョッキーである。今後もGⅠをたくさん勝って日本の競馬を盛り上げてもらいたい。

ただ、馬券を買うとなれば、話は別。慎重に検討するため、ポイ

【GIレース】

人気別成績

	1-2-3-4着以下数/戦	勝率	連対率	複勝率	回収値	
					単勝	複勝
1番人気	1-0-1-1/3	33.3%	33.3%	66.7%	96	123
2番人気	1-1-1-4/7	14.3%	28.6%	42.9%	67	101
3番人気	0-1-0-3/4	0.0%	25.0%	25.0%	0	162
4番人気	1-0-0-2/3	33.3%	33.3%	33.3%	350	123
5番人気	0-0-0-3/3	0.0%	0.0%	0.0%	0	0
6番人気	0-1-0-4/5	0.0%	20.0%	20.0%	0	52
7～9番人気	0-0-1-13/14	0.0%	0.0%	7.1%	0	39
10番人気～	0-0-0-18/18	0.0%	0.0%	0.0%	0	0
計	3-3-3-48/57	5.3%	10.5%	15.8%	32	51

単勝オッズ別成績

	1-2-3-4着以下数/戦	勝率	連対率	複勝率	回収値	
					単勝	複勝
1.0～1.4	0-0-0-0/0	0.0%	0.0%	0.0%	0	0
1.5～1.9	0-0-0-0/0	0.0%	0.0%	0.0%	0	0
2.0～2.9	1-0-0-1/2	50.0%	50.0%	50.0%	145	80
3.0～3.9	0-1-0-0/1	0.0%	100.0%	100.0%	0	180
4.0～4.9	1-0-1-2/4	25.0%	25.0%	50.0%	117	97
5.0～6.9	0-0-0-2/2	0.0%	0.0%	0.0%	0	0
7.0～9.9	0-0-1-4/5	0.0%	0.0%	20.0%	0	70
10.0～14.9	1-1-0-2/4	25.0%	50.0%	50.0%	262	255
15.0～19.9	0-1-1-4/6	0.0%	16.7%	33.3%	0	135
20.0～29.9	0-0-0-10/10	0.0%	0.0%	0.0%	0	0
30.0～49.9	0-0-0-11/11	0.0%	0.0%	0.0%	0	0
50.0～99.9	0-0-0-10/10	0.0%	0.0%	0.0%	0	0
100.0～	0-0-0-2/2	0.0%	0.0%	0.0%	0	0

集計期間：2011年1月～2013年終了時点。以下、同様

【GIレース】

競馬場別成績

	1-2-3-4 着以下数 / 戦	勝率	連対率	複勝率	回収値	
					単勝	複勝
東京	1-0-1-21/23	4.3%	4.3%	8.7%	12	30
中山	0-0-0-9/9	0.0%	0.0%	0.0%	0	0
中京	0-0-0-2/2	0.0%	0.0%	0.0%	0	0
京都	2-2-1-8/13	15.4%	30.8%	38.5%	116	133
阪神	0-1-1-8/10	0.0%	10.0%	20.0%	0	47

「○○騎手→武豊」成績

	1-2-3-4 着以下数 / 戦	勝率	連対率	複勝率	回収値	
					単勝	複勝
武豊	2-3-2-27/34	5.9%	14.7%	20.6%	39	74
幸英明	1-0-0-1/2	50.0%	50.0%	50.0%	235	90
松岡正海	0-0-1-1/2	0.0%	0.0%	50.0%	0	105
古川吉洋	0-0-0-1/1	0.0%	0.0%	0.0%	0	0
佐藤哲三	0-0-0-2/2	0.0%	0.0%	0.0%	0	0
ウィリアムズ	0-0-0-2/2	0.0%	0.0%	0.0%	0	0
ピンナ	0-0-0-1/1	0.0%	0.0%	0.0%	0	0
M. デムーロ	0-0-0-1/1	0.0%	0.0%	0.0%	0	0
岩田康誠	0-0-0-1/1	0.0%	0.0%	0.0%	0	0
森一馬	0-0-0-1/1	0.0%	0.0%	0.0%	0	0
国分恭介	0-0-0-1/1	0.0%	0.0%	0.0%	0	0
北村友一	0-0-0-1/1	0.0%	0.0%	0.0%	0	0
川田将雅	0-0-0-1/1	0.0%	0.0%	0.0%	0	0
田辺裕信	0-0-0-1/1	0.0%	0.0%	0.0%	0	0
酒井学	0-0-0-1/1	0.0%	0.0%	0.0%	0	0
福永祐一	0-0-0-1/1	0.0%	0.0%	0.0%	0	0
小牧太	0-0-0-1/1	0.0%	0.0%	0.0%	0	0
吉田豊	0-0-0-1/1	0.0%	0.0%	0.0%	0	0
後藤浩輝	0-0-0-1/1	0.0%	0.0%	0.0%	0	0

「前走人気」別成績

	1-2-3-4 着以下数 / 戦	勝率	連対率	複勝率	回収値	
					単勝	複勝
1 番人気	1-1-2-9/13	7.7%	15.4%	30.8%	22	84
2 番人気	1-1-1-2/5	20.0%	40.0%	60.0%	94	158
3 番人気	0-0-0-9/9	0.0%	0.0%	0.0%	0	0
4 番人気	0-0-0-7/7	0.0%	0.0%	0.0%	0	0
5 番人気	0-0-0-1/1	0.0%	0.0%	0.0%	0	0
6 ～ 9 番人気	0-1-0-13/14	0.0%	7.1%	7.1%	0	46
10 番人気～	1-0-0-6/7	14.3%	14.3%	14.3%	150	52

ントをいくつかあげていこう。

【人気・単勝オッズ】

人気データからは、勝利は4番人気以内、連対は6番人気以内、3着以内は8番人気までとなっている。9番人気以下で「0-0-0-22」。単勝オッズでは、20倍以上で「0-0-0-33」だ。人気薄は消してよい。

【競馬場】

マイルCSを2勝しているように、やはり関西圏（京都・阪神）が良い。逆に、関東圏の中山・東京は苦戦している。キズナで日本ダービーを勝利したが、これは「買えるデータ＝関西馬で関東遠征・1番人気」の条件を満たしているので例外だ。

【乗替わり】

馬券に絡んだ9回のうち7回が、前走から乗替わりなく武豊が連続騎乗した馬だ。前走が他の騎手だと「1-0-1-21」となっており、大舞台での乗替わりではさすがに苦戦している。勝利した1度は2013年マイルCSのトーセンラー（幸→武豊）だが、前々走まで武豊が騎乗していた。

【前走人気】

前走2番人気以内は「2-2-3-11」なので、前走で人気になっていた馬を素直に狙うべきだ。前走3番人気以下だった馬は「1-1-0-36」で割引き。連対した2回は、武豊連続騎乗かつ当日4番人気以内。これに該当しているなら注意が必要だ。

【GⅠのポイント】

次の4つに該当した場合は要チェックだ。

①関西圏の競馬場
②人気サイド
③武豊連続騎乗
④前走2番人気以内

⑭ GⅡレース、「買い」「消し」のサインはこれだ!

●GⅡの成績　「6-4-6-37」
→勝率11.3%　複勝率30.2%　単勝回収値102　複勝回収値92

●GⅡの勝ち馬
2013年札幌記念　トウケイヘイロー（2番人気）
2013年京都新聞杯　キズナ（1番人気）
2013年京都記念　トーセンラー（6番人気）
2012年セントウルS　エピセアローム（6番人気）
2012年京都記念　トレイルブレイザー（5番人気）
2011年京都新聞杯　クレスコグランド（3番人気）

GⅡでは、過去3年で6勝している。極悪馬場の札幌記念で圧勝したトウケイヘイローは記憶に新しいだろう。この他は、GⅠと同様に関西圏を中心に活躍しているようだ。では、データを見ていこう。

【人気・単勝オッズ】
GⅡの回収値は単勝102、複勝は92となっており、高い数値だ。6番人気で2勝、5番人気でも1勝している。2011年の阪神カップでは13番人気のフラガラッハを3着に持ってきており、穴馬にも注目だ。

【競馬場】
京都競馬場での成績は「4-0-2-6」で、勝率33.3%、複勝率50.0%、単勝回収値285、複勝回収値110。単複ともプラスの回収値となっており、大活躍だ。阪神競馬場は1勝のみだが、複勝回収値は134

【GⅡレース】

人気別成績

	1-2-3-4 着以下数 / 戦	勝率	連対率	複勝率	回収値	
					単勝	複勝
1 番人気	1-0-1-2/4	25.0%	25.0%	50.0%	35	55
2 番人気	1-2-0-1/4	25.0%	75.0%	75.0%	85	125
3 番人気	1-1-2-7/11	9.1%	18.2%	36.4%	83	70
4 番人気	0-0-0-5/5	0.0%	0.0%	0.0%	0	0
5 番人気	1-0-2-3/6	16.7%	16.7%	50.0%	241	150
6 番人気	2-0-0-4/6	33.3%	33.3%	33.3%	428	110
7 〜 9 番人気	0-1-0-9/10	0.0%	10.0%	10.0%	0	42
10 番人気〜	0-0-1-6/7	0.0%	0.0%	14.3%	0	201
計	6-4-6-37/53	11.3%	18.9%	30.2%	102	92

単勝オッズ別成績

	1-2-3-4 着以下数 / 戦	勝率	連対率	複勝率	回収値	
					単勝	複勝
1.0 〜 1.4	1-0-0-0/1	100.0%	100.0%	100.0%	140	110
1.5 〜 1.9	0-0-0-0/0	0.0%	0.0%	0.0%	0	0
2.0 〜 2.9	0-0-1-0/1	0.0%	0.0%	100.0%	0	110
3.0 〜 3.9	1-1-1-1/4	25.0%	50.0%	75.0%	85	112
4.0 〜 4.9	0-0-0-3/3	0.0%	0.0%	0.0%	0	0
5.0 〜 6.9	0-1-0-8/9	0.0%	11.1%	11.1%	0	17
7.0 〜 9.9	2-0-2-4/8	25.0%	25.0%	50.0%	230	135
10.0 〜 14.9	1-2-1-8/12	8.3%	25.0%	33.3%	120	96
15.0 〜 19.9	1-0-0-2/3	33.3%	33.3%	33.3%	550	133
20.0 〜 29.9	0-0-0-3/3	0.0%	0.0%	0.0%	0	0
30.0 〜 49.9	0-0-0-5/5	0.0%	0.0%	0.0%	0	0
50.0 〜 99.9	0-0-1-1/2	0.0%	0.0%	50.0%	0	705
100.0 〜	0-0-0-2/2	0.0%	0.0%	0.0%	0	0

競馬場別成績

	1-2-3-4 着以下数 / 戦	勝率	連対率	複勝率	回収値	
					単勝	複勝
函館	1-0-0-0/1	100.0%	100.0%	100.0%	340	180
東京	0-0-0-10/10	0.0%	0.0%	0.0%	0	0
中山	0-2-1-3/6	0.0%	33.3%	50.0%	0	90
中京	0-0-0-3/3	0.0%	0.0%	0.0%	0	0
京都	4-0-2-6/12	33.3%	33.3%	50.0%	285	110
阪神	1-2-3-15/21	4.8%	14.3%	28.6%	78	134

【GⅡレース】

「前走着順」別成績

	1-2-3-4着以下数/戦	勝率	連対率	複勝率	回収値	
					単勝	複勝
1着	3-2-1-8/14	21.4%	35.7%	42.9%	100	87
2着	0-0-0-7/7	0.0%	0.0%	0.0%	0	0
3着	1-0-1-3/5	20.0%	20.0%	40.0%	330	102
4着	0-0-1-2/3	0.0%	0.0%	33.3%	0	73
5着	0-1-0-1/2	0.0%	50.0%	50.0%	0	210
6～9着	2-1-1-11/15	13.3%	20.0%	26.7%	158	66
10着～	0-0-1-5/6	0.0%	0.0%	16.7%	0	235

もある。GIと同様、東京競馬場では「0-0-0-10」と苦戦しているので、関西圏（京都・阪神）を中心に狙いを定めたい。

【前走着順】

前走1着馬の成績は「3-2-1-8」だ。このうち当日3番人気以内に支持された馬は「3-2-0-1」で、複勝率が83.3%もある。人気になった好調の馬は素直に信頼して良い。

【GⅡのポイント】

次の3つは必ず覚えておこう。

①関西圏の競馬場
②前走1着馬で当日3番人気以内
③穴馬にも注意

⑮ GⅢレース、「買い」「消し」のサインはこれだ!

●GⅢの成績　「11-5-8-52」
→勝率14.5%　複勝率31.6%　単勝回収値95　複勝回収値82

●GⅢの勝ち馬
2013年ファンタジーS　ベルカント（4番人気）
2013年小倉記念　メイショウナルト（3番人気）
2013年函館記念　トウケイヘイロー（3番人気）
2013年鳴尾記念　トウケイヘイロー（6番人気）
2013年毎日杯　キズナ（1番人気）
2013年チューリップ賞　クロフネサプライズ（3番人気）
2011年シリウスS　ヤマニンキングリー（5番人気）
2011年新潟記念　ナリタクリスタル（5番人気）
2011年レパードS　ボレアス（1番人気）
2011年中京記念　ナリタクリスタル（2番人気）
2011年アーリントンC　ノーザンリバー（4番人気）

GⅢは11勝だ。2012年は一度も勝つことができなかったが、2013年は「6-2-2-15」で、勝率24.0%、複勝率40.0%、単勝回収値150、複勝回収値101と、抜群の成績をおさめた。

【人気・単勝オッズ】

1～2番人気の勝率は15%前後とイマイチだが、6番人気まで勝利があり、回収値は非常に良い。7番人気以下は連対がないので、ここがひとつの目安となる。単勝オッズなら15倍が目安だ。

【GⅢレース】

人気別成績

	1-2-3-4 着以下数 / 戦	勝率	連対率	複勝率	回収値	
					単勝	複勝
1 番人気	2-4-0-6/12	16.7%	50.0%	50.0%	36	66
2 番人気	1-0-3-3/7	14.3%	14.3%	57.1%	70	82
3 番人気	3-0-0-2/5	60.0%	60.0%	60.0%	364	142
4 番人気	2-0-0-8/10	20.0%	20.0%	20.0%	142	58
5 番人気	2-0-0-6/8	25.0%	25.0%	25.0%	235	80
6 番人気	1-1-2-1/5	20.0%	40.0%	80.0%	232	286
7 ～ 9 番人気	0-0-3-15/18	0.0%	0.0%	16.7%	0	83
10 番人気～	0-0-0-11/11	0.0%	0.0%	0.0%	0	0
計	11-5-8-52/76	14.5%	21.0%	31.6%	95	82

単勝オッズ別成績

	1-2-3-4 着以下数 / 戦	勝率	連対率	複勝率	回収値	
					単勝	複勝
1.0 ～ 1.4	0-0-0-0/0	0.0%	0.0%	0.0%	0	0
1.5 ～ 1.9	1-0-0-0/1	100.0%	100.0%	100.0%	150	110
2.0 ～ 2.9	1-3-1-2/7	14.3%	57.1%	71.4%	41	74
3.0 ～ 3.9	0-1-0-2/3	0.0%	33.3%	33.3%	0	56
4.0 ～ 4.9	2-0-1-2/5	40.0%	40.0%	60.0%	194	122
5.0 ～ 6.9	3-0-1-2/6	50.0%	50.0%	66.7%	326	161
7.0 ～ 9.9	2-0-2-9/13	15.4%	15.4%	30.8%	124	103
10.0 ～ 14.9	2-1-1-8/12	16.7%	25.0%	33.3%	185	123
15.0 ～ 19.9	0-0-0-7/7	0.0%	0.0%	0.0%	0	0
20.0 ～ 29.9	0-0-2-7/9	0.0%	0.0%	22.2%	0	115
30.0 ～ 49.9	0-0-0-6/6	0.0%	0.0%	0.0%	0	0
50.0 ～ 99.9	0-0-0-3/3	0.0%	0.0%	0.0%	0	0
100.0 ～	0-0-0-4/4	0.0%	0.0%	0.0%	0	0

【GⅢレース】

脚質別成績

	1-2-3-4 着以下数 / 戦	勝率	連対率	複勝率	回収値	
					単勝	複勝
逃げ	4-1-1-3/9	44.4%	55.6%	66.7%	323	196
先行	4-0-3-9/16	25.0%	25.0%	43.8%	191	107
中団	2-1-2-23/28	7.1%	10.7%	17.9%	38	39
後方	1-3-2-17/23	4.3%	17.4%	26.1%	6	71
マクリ	0-0-0-0/0	0.0%	0.0%	0.0%	0	0

「前走着差」別成績

	1-2-3-4 着以下数 / 戦	勝率	連対率	複勝率	回収値	
					単勝	複勝
勝 2.0 ～	0-0-0-0/0	0.0%	0.0%	0.0%	0	0
勝 1.0 ～ 1.9	0-0-0-0/0	0.0%	0.0%	0.0%	0	0
勝 0.6 ～ 0.9	0-3-1-1/5	0.0%	60.0%	80.0%	0	116
勝 0.3 ～ 0.5	1-0-1-4/6	16.7%	16.7%	33.3%	133	48
勝 0.1 ～ 0.2	1-0-2-4/7	14.3%	14.3%	42.9%	68	142
勝 0.0	0-1-0-2/3	0.0%	33.3%	33.3%	0	56
負 0.0	3-0-0-2/5	60.0%	60.0%	60.0%	400	148
負 0.1 ～ 0.2	3-0-0-5/8	37.5%	37.5%	37.5%	182	77
負 0.3 ～ 0.5	3-0-2-13/18	16.7%	16.7%	27.8%	137	106
負 0.6 ～ 0.9	0-0-1-5/6	0.0%	0.0%	16.7%	0	33
負 1.0 ～ 1.9	0-1-0-11/12	0.0%	8.3%	8.3%	0	22
負 2.0 ～ 2.9	0-0-0-5/5	0.0%	0.0%	0.0%	0	0
負 3.0 ～ 3.9	0-0-1-0/1	0.0%	0.0%	100.0%	0	450
負 4.0 ～	0-0-0-0/0	0.0%	0.0%	0.0%	0	0

【脚質】

ベルカント、メイショウナルト、トウケイヘイロー、クロフネサプライズなど、逃げ・先行で好成績をあげている。6番人気以内に支持された馬なら「8-1-2-6」で、勝率47.1％、複勝率64.7％と高い確率で馬券に絡んでいる。騎乗馬が「逃げ・先行」脚質で人気になるようなら注目しておきたい。

【前走着差】

前走が「勝利」か「僅差（着差0.5秒以内）で負けていた馬」での好走が多く、前走大敗馬は苦戦している。前走が「0.6秒以上の負け」の馬の成績は「0-1-2-21」で、連対した1頭は2011年鳴尾記念のショウナンマイティ（前走・菊花賞）のみだ。

【GⅢのポイント】

以下の3つに該当したら注目だ。

①6番人気以内・単勝オッズ15倍未満
②逃げ・先行馬
③前走は「勝ち」か「0.5秒以内の惜敗」

⑯第61回京都新聞杯（GⅡ）

【ケーススタディ①　このレース、武豊は買いか？ 消しか？】

ここからは、実際にあったレースを「練習問題」として出題するので、そのレースでの武豊の騎乗馬は「買いか？」「 消しか？」を自らで考えてほしい。

まずは、簡単なレースから出題だ。

【問1】

第61回京都新聞杯（GⅡ）

2013年3回京都5日目11R（5月4日）

武豊騎乗⑤キズナ

単勝オッズ…前日から単勝1番人気、1倍台前半を推移

馬場状態…良

※ヒント：「単勝オッズ」「血統」「乗替わりか否か」「馬主」に注目。

京都 11 発走 15：35

第61回 京都新聞杯（GⅡ） （3歳、オープン・(国際)(指定)・馬齢） 芝2200

レコード 2.10.0 トーセンホマレボシ 56Cウィ 24年5月

推定タイム 良 2.13秒台 重 2.14秒台

賞金（万円） ① 5200 ② 2100 ③ 1300 ④ 780 ⑤ 520

馬場状態 ❶❶①① 不重稍良

色 枠番	白1	白1	黒2	黒2	赤3	赤3	青4	青4
馬番	1	2	3	4	5	6	7	8
父	ホワイトマズル	チアズブライトリー	マンハッタンカフェ	アグネスタキオン	ディープインパクト	ダイワメジャー	フサイチリシャール	アグネスタキオン
馬名	マズルファイヤー	サンガヴィーノ	サンライズピーク	アクションスター	キズナ	サトノキングリー	ニホンピロバロン	ペプチドアマゾン
母	ササファイヤー輸入	マイディアガピー0勝	アイリーンズハート3勝	レディオブヴェニス輸入	キャットクイル輸入	ファンジカ輸入	ニホンピロアニカ1勝	レッドクローシュ0勝
母父	（セイントバラード）	（ヘクタープロテクター）	（ティンバーカントリー）	（ルーソリテール）	（ストームキャット）	（ローソサイアティ）	（キャプテンスティーヴ）	（トニービン）
毛色	青鹿毛	栗毛	黒鹿毛	栗毛	青鹿毛	鹿毛	栗毛	鹿毛
斤量性齢	56牡3	56牡3	56牡3	56牡3	56牡3	56牡3	56牡3	56牡3
騎手	替和田	替松山	替小牧太	替Cデムーロ	武豊	Mデムーロ	替酒井学	替藤岡康
条件 賞金	オープン 1150	オープン 900	500万 400	オープン 1150	オープン 2750	オープン 900	500万 400	オープン 900
総賞金	2564	1558	850	2774	6745	1825	1682	1975
厩舎	大久龍(栗)	山内(栗)	河内(栗)	音無(栗)	佐々晶(栗)	藤原英(栗)	田所秀(栗)	吉村(栗)
柏木 集保	……	……	……	△	◎	△	……	△
小木曽大祐	△	……	……	△	○	△	……	……
黒津 紳一	▲	……	……	……	◎	△	……	△
久保木正則	△	……	……	……	○	▲	……	△
桧原 正行	▲	……	……	△	◎	△	……	……
本紙 飯田	▲	……	……	△	◎	△	……	△
馬主名	キャロット	㈲シルク	松岡隆雄	福井明	前田晋二	里見治	小林百太郎	沼川一彦
生産牧場	ノーザン	前田牧場	桜井牧場	白老F	ノース	社台ファ	福岡清	[illegible]牧場
最高時計（1600・1800・2000・2200）	新芝1468② 中芝1589⑦	新芝1348⑨ 京芝1504⑥ 京芝2021⑧ 阪芝2181⑧	京芝1481①	中芝1485⑩ 中芝2023②	阪芝1462① 中芝2011⑤	阪芝1468① 京芝2027⑩	阪ダ1521❸ 函芝2283③	阪芝1507② 中京芝2038① 京芝2195❸
着順別成績	010000 030000 000000 030000	011000 000000 001000 141010	010000 010000 010000 000000	010000 020000 000000 020000	030000 000000 010000 010000	020000 000000 000000 030000	010000 030000 120000 000000	110000 010000 100010 100000
兄弟馬	プラテアード	ラニカイツヨシ	2月15日生	初仔	ファレノプシス	ハイアーゲーム	初仔	ファイアレッド
前走5	4京⑨10.28 未勝利(混)4 芝内2031 554Ⓜ0.2 55川田 11ト3↑2人 アオル37.0 クラウディオ 3ヵ月休ソエ	5京⑦11.24 京都2歳S OP 8 芝内2040 458Ⓢ1.0 55松山 10ト9↑10人 ⑩⑩⑧41.0 出遅不34.2 エピファネイ	〈普通〉 父方…芝○ ダ○ 万能 母方…芝△ ダ◎ 短～中	5京④11.11 新馬(混)2 芝内2069 468Ⓢ0.0 55ルメー 9ト7↑1人 ④④④40.3 G前脱35.3 ステイザコー	4京②10.7 新馬1 天外1516 482Ⓢ0.3 55佐藤哲 7ト5↑1人 ④④④38.9 G前脱33.8 リジェネレー	5阪④12.9 新馬1 天外1488 480Ⓜ0.0 55Mデム 12ト6↑2人 ⑩⑩⑨36.9 直競勝35.3 リヤンドファ	1京④1.13 未勝利(混)3 天ダ1552 472Ⓜ0.2 56酒井学 16ト2↑1人 ⑦⑥⑦38.0 発馬悪38.3 タガノビリー	5阪⑨12.24 新馬(混)2 天外1507 466Ⓢ0.2 55ムーア 16ト7↑2人 ③⑤⑤37.0 好位伸35.2 リグヴェーダ
前走4	1京⑦1.20 未勝利1 天外1496 556Ⓗ0.7 56川田 16ト1↑1人 ②②①35.2 四角先37.2 シゲルオヒツ	1京①1.5 福寿草500万 8 芝内2021 466Ⓢ0.7 56松山 12ト10↑12人 ⑫⑫⑫38.6 後方詰34.9 テイエムダイ	ショウザンウィーク① シンセリティー⓪ ウエスタンサクラ⓪ ミエノスペシャル⓪	5阪②12.2 未勝利(混)1 天外1496 466Ⓢ0.2 55ルメー 10ト7↑1人 ⑥③③37.8 好位差33.7 テイエムレン	5京④11.11 黄菊賞500万 1 天外1498 488Ⓜ0.4 55佐藤哲 10ト4↑1人 ⑦⑦⑦37.2 外伸る35.2 トーセンパワ	1京①1.5 福寿草500万 10 芝内2027 480Ⓢ1.3 56岩田 12ト7↑1人 ⑩⑩⑪38.1 出遅不35.4 テイエムダイ	2京①1.26 未勝利2 天ダ1562 470Ⓜ0.1 56酒井学 13ト1↑1人 ⑤③③37.4 好位伸38.2 トーホウビッ	1京❺1.14 未勝利(混)3 三外2195 470Ⓜ0.5 56浜中 16ト16↑5人 ③③③37.1 出遅不36.2 ナリタパイレ
前走3	2京④2.3 きさらぎ賞GⅢ 2 天外1489 546Ⓢ0.0 56秋山 8ト2↑5人 ①①①36.6 逃惜敗34.5 タマモベスト	1京⑥1.19 若駒S OP 6 芝内2027 466Ⓢ1.0 56ルメー 9ト6↑9人 ⑦⑧⑧37.0 後方儘35.0 リヤンドファ	2京⑥2.10 新馬(混)3 天外1510 508Ⓢ0.2 56藤田 14ト13↑6人 ②②②37.6 先粘る34.1 ヴィルジニア	5阪⑦12.22 ラジオNIKKEI杯GⅢ 4 芝内2057 462Ⓢ0.3 55ルメー 7ト3↑4人 ④④④40.4 決手欠34.5 エピファネイ	5阪⑦12.22 ラジオNIKKEI杯GⅢ 3 芝内2055 492Ⓢ0.1 55武豊 7ト6↑2人 ②②②40.1 直競負34.5 エピファネイ	1阪③3.2 アルメリア500万 4 天外1497 472Ⓢ0.1 56ピュイ 6ト4↑4人 ④⑤②37.5 折合欠35.9 リグヴェーダ	2京❼2.16 未勝利2 天ダ1544 474Ⓜ0.4 56酒井学 15ト15↑2人 ⑦⑦⑦37.6 中位伸38.1 マグナムボー	1中京⑤2.2 未勝利1 芝2038 472Ⓜ0.4 56上村 15ト8↑3人 ⑤⑤④37.2 好位抜37.1 ケイアイホク
前走2	1阪⑦3.16 若葉S 6 芝内2012 542Ⓜ0.5 56秋山 11ト4↑4人 ①①①36.7 逃一杯36.2 レッドルーラ	1中京⑤2.2 ビオラ500万 1 芝2032 468Ⓢ0.2 56松山 12ト2↑5人 ⑩⑨⑦37.9 後追込36.1 カラフルブラ	1小⑧3.3 未勝利2 天芝1484 502Ⓜ0.2 56丹内 16ト4↑1人 ⑧⑥③36.9 中位伸35.5 メイショウブ	1中⑤1.21 京成杯GⅢ 2 芝内2023 458Ⓜ0.0 56内田博 12ト11↑5人 ⑪⑩⑧38.4 後方伸34.4 フェイムゲー	2中④3.3 弥生賞GⅡ 5 芝内2011 480Ⓢ0.1 56武豊 12ト6↑3人 ⑨⑧⑦37.9 脚余す34.8 カミノタサハ	2阪①3.23 毎日杯GⅢ 6 天外1475 466Ⓗ1.3 56池添 13ト2↑5人 ⑦⑦⑦36.2 中位詰36.1 キズナ	2中京①3.9 未勝利(混)1 天ダ1562 468Ⓜ0.0 53原田敬 15ト9↑1人 ⑥⑦⑦38.6 G前差38.5 タニノタキシ	2阪③3.30 アザレア500万 5 両外2301 468Ⓢ0.5 56浜中 8ト5↑4人 ②③②39.4 先行下33.7 アドマイヤス
前走	3中⑧4.14 皐月賞GⅠ 7 芝内1589 542Ⓜ0.9 57シュタ 18ト10↑15人 ⑬⑫⑪35.3 出遅不35.8 ロゴタイプ	1阪②2.24 すみれS OP 8 三内2181 468Ⓢ1.8 56藤田 8ト1↑6人 ⑧⑥⑥38.8 追上退36.0 ナリタパイレ	3京②4.21 未勝利1 天外1481 498Ⓗ0.1 56川田 18ト15↑2人 ④⑤③35.7 好位抜35.5 トルストイ	2中⑧3.17 スプリングSGⅡ 10 天内1485 444Ⓢ0.7 56池添 16ト6↑7人 ⑩⑨⑦37.7 出遅不35.1 ロゴタイプ	2阪①3.23 毎日杯GⅢ 1 天外1462 482Ⓗ0.5 56武豊 13ト6↑1人 ⑩⑩⑩37.2 G前脱34.3 ガイヤースヴ	2阪⑦4.13 はなみずき500万 1 天外1468 472Ⓢ0.0 56Mデム 15ト5↑5人 ⑤⑥⑦36.2 G前差34.0 オツウ	3京②4.21 あずさ500万 3 両外2283 470Ⓢ0.6 56秋山 8ト1↑8人 ⑧⑧⑦38.4 鞍差詰35.9 ペプチドアマ	3京②4.21 あずさ500万 1 両外2277 468Ⓢ0.4 56浜中 8ト5↑1人 ⑦④④38.2 直抜出35.5 エーシンマッ
左芝・左ダ・右ダ・右芝・京都芝	000111 100211 000000 000311	200000 000000 000100 10054	000111 000100 000111 000000	000010 000021 000000 000020	000032 000000 000010 000010	000020 000000 000000 000031	010000 003000 002111 000000	100011 000010 000011 000010
→芝重 勝利	○00000	○00000	○00000	○00000	○00000	○00000	○00000	○00010

色 枠番	黄5	黄5	緑6	緑6	橙7	橙7	桃8	桃8
馬番	9	10	11	12	13	14	15	16
父	ディープインパクト	ステイゴールド	ディープインパクト	ネオユニヴァース	ステイゴールド	シンボリクリスエス	ダンスインザダーク	マンハッタンカフェ
馬名	リグヴェーダ	ライジングゴールド	ハッピーモーメント	ジャイアントリープ	シンネン	ウインアルザス	キングデザイヤー	ヒルノドンカルロ
母	ニキーヤ輸入	ベルベットローブ3勝	アドマイヤハッピー4勝	ラフィントレイル0勝	キタサンバースデー0勝	シシーダルザス輸入	ウマヒトスジ0勝	ウエルカムフラワー0勝
母父	（ヌレエフ）	（ゴーンウエスト）	（トニービン）	（エルコンドルパサー）	（マリエンバード）	（シシオス）	（テイルオブザキャット）	（エルコンドルパサー）
毛色	鹿毛	栗毛	鹿毛	芦毛	栗毛	鹿毛	黒鹿毛	青鹿毛
斤量性齢	56牡3	56牡3	56牡3	56牡3	56牡3	56牡3	56牡3	56牡3
騎手	岩田	川田	替四位	替北村友	替福永	替中井	替太宰	藤田
条件 賞金	オープン 900	500万 400	500万 400	500万 400	オープン 900	500万 400	500万 400	500万 400
総賞金	1668	1022	1054	975	1774	2000	775	755
厩舎	池江寿(栗)	松田博(栗)	角居(栗)	村山(栗)	浅見(栗)	西園(栗)	鈴木孝(栗)	昆(栗)
柏木 集保	▲	△	……	○	……	……	……	……
小木曽大祐	△	……	▲	△	◎	……	……	……
黒津 紳一	○	△	……	……	△	……	……	……
久保木正則	△	……	△	◎	……	……	……	……
桧原 正行	○	……	△	……	……	……	……	……
本紙 飯田	○	……	……	……	……	△	……	……
馬主名	㈲社台RH	㈲サンデー	㈲サンデー	キャロット	林正道	㈱ウイン	山口敦広	㈱ヒルノ
生産牧場	追分F	ノーザン	ノーザン	ノーザン	本田祐博	秋田牧場	佐竹学	酒井秀紀
最高時計（1600・1800・2000・2200）	阪芝1496①	京芝1510① 京芝2042② 函芝2299③	阪芝1473⑥ 中芝2018③	中芝2026②	京芝1353④ 中芝1485⑨ 小芝2003①	中京芝1385④ 新芝1479② 小芝2006① 京芝2154③	阪芝1480④ 福芝2004① 函芝2282③	阪ダ1550① 京芝2036⑩
着順別成績	020000 000000 000000 010000	010000 010000 100000 000000	010000 000000 010000 020000	010000 010000 000000 010000	011000 001000 001000 021000	010000 230001 100001 011000	010000 000000 100000 040000	010000 000000 010000 030000
兄弟馬	1月26日生	2月24日生	4月22日生	4月12日生	ビクトリーチャンス	レッドボルサリーノ	初仔	クラッシュハイト
前走5	〈早熟〉 父方…芝◎ ダ△ 万能 母方…芝◎ ダ△ 万能	〈普通〉 父方…芝○ ダ○ 中～長 母方…芝○ ダ○ 万能	ウォータクティクス⑥ キタサンアミーゴ⑤ ヘヴンリーブリス⓪ ドラケンスバーグ現	〈普通〉 父方…芝○ ダ○ 中距離 母方…芝○ ダ○ 万能	5京④11.11 未勝利4 天内1353 486Ⓜ0.6 55内田博 13ト8↑4人 ⑦⑨⑨35.4 三角狭35.7 アドマイヤド	5阪⑨12.24 未勝利2 芝内2044 496Ⓢ0.0 55ルメー 16ト14↑2人 ①①①36.9 逃惜敗36.0 アドマイヤス	3福③11.10 未勝利14 天芝1512 498Ⓗ2.6 55松山 16ト5↑12人 一角不35.7 タガノバスタ 3ヵ月休放牧	4京⑧10.27 新馬3 芝内2043 518Ⓢ0.1 55藤田 13ト7↑2人 ②②②36.9 先粘る35.3 テイエムダイ
前走4	ゴールドアリュール⑧ オリエントチャーム④ ニルヴァーナ⑥ ゴールスキー現	アドマイヤマリン② アドマイヤサガス現 チェスナットバロン現	5京❻11.18 新馬(混)1 天外1513 472Ⓢ0.0 55ムーア 11ト1↑1人 ⑤⑤⑦39.1 外伸る34.3 ピュクシス	アルドワーズ① ブレイズアトレイル現 近親 ギュスターヴクライ	1京⑥1.19 未勝利(混)3 天内1365 488Ⓜ0.1 56ピュイ 16ト14↑4人 ①②②35.8 決手欠36.1 レッドジゼル	1京❺1.14 未勝利(混)2 三外2192 496Ⓜ0.2 56川田 16ト8↑2人 ②②②37.0 二位粘35.9 ナリタパイレ	1小②2.10 未勝利6 芝2015 490Ⓜ0.4 56松山 18ト4↑11人 ①①①34.5 逃一杯36.6 レコンダイト	5京③11.10 未勝利(混)6 芝内2038 526Ⓢ0.5 55藤田 12ト8↑5人 ⑧⑧⑧39.5 出足悪35.1 セレブリティ
前走3	5阪⑨12.24 新馬(混)1 天外1505 448Ⓢ0.2 55岩田 16ト8↑1人 ⑥⑧⑦37.4 直抜出34.8 ペプチドアマ	4京⑧10.27 新馬2 芝内2042 504Ⓢ0.0 55川田 13ト3↑1人 ⑤③③37.4 好位伸35.0 テイエムダイ	1中②1.6 寒竹賞500万 3 芝内2018 472Ⓜ0.1 56ベリー 12ト5↑2人 ⑧⑩⑩36.5 後方伸35.5 マンボネフォ	2京②1.27 新馬(混)4 芝内2058 510Ⓢ0.1 56酒井学 15ト9↑7人 ⑪⑪⑨38.9 出遅不34.2 プライドイズ	1中京⑥2.3 未勝利(混)1 天芝1369 482Ⓗ0.4 56松山 16ト3↑1人 ⑦⑥⑤36.2 直抜出36.3 ラッキーマン	2京④2.3 未勝利(混)3 三外2154 498Ⓜ0.2 56川田 13ト13↑1人 ②①①35.9 三角先35.5 マウイノカオ	1阪⑤3.9 未勝利(混)4 天外1480 490Ⓜ0.5 56和田 16ト5↑6人 ①①①35.1 逃一息36.1 ブリュネット	5京⑦11.24 未勝利(混)10 芝内2036 518Ⓢ0.6 55藤田 14ト13↑2人 ③③③37.1 好位下36.1 ブレークビー
前走2	2京④2.3 きさらぎ賞GⅢ 8 天外1499 460Ⓢ1.0 56浜中 8ト6↑1人 ⑥⑥④37.1 追上退35.0 タマモベスト	5京⑤11.17 未勝利(混)1 天外1510 504Ⓢ0.1 55スミヨ 14ト4↑1人 二位抜34.6 ポセイドンバ 4ヵ月半休ソエ	1東②1.27 500万(混)4 天芝1481 468Ⓜ0.2 56ピュイ 11ト8↑2人 ⑧⑧⑦37.2 後方伸33.4 カミノタサハ	2京⑧2.17 未勝利(混)1 芝内2027 506Ⓜ0.4 56川中勝 16ト9↑2人 ⑦④⑤37.4 イン伸35.4 グランプリナ	1小③2.16 あすなろ賞500万 1 芝2003 476Ⓜ0.2 56北村友 8ト6↑3人 ④③③34.9 イン伸35.5 ウイングリー	1小③2.16 未勝利1 芝2006 498Ⓜ0.7 53中井 18ト5↑1人 ①①①35.2 楽逃切35.7 ダイワレーヌ	2阪②3.24 未勝利(混)3 両外2282 492Ⓢ0.6 56高倉 18ト2↑2人 ①①①37.0 逃一息35.9 バンデ	3中京❻12.15 未勝利(混)4 天ダ1569 518Ⓜ0.6 55藤田 15ト9↑1人 先一息40.0 ハブアストロ 4ヵ月休ソエ
前走	1阪③3.2 アルメリア500万 1 天外1496 452Ⓢ0.1 56岩田 6ト2↑1人 ①③⑥37.0 直競勝35.3 ラブラバード	2阪③3.30 アザレア500万 3 両外2299 496Ⓢ0.3 56川田 8ト2↑2人 ④④④39.7 好位伸33.3 アドマイヤス	2阪①4.13 はなみずき500万 6 天外1473 468Ⓢ0.5 56シュタ 15ト9↑1人 ②④④35.9 折合欠34.8 サトノキング	2中⑥3.10 山桜500万 2 芝内2026 500Ⓢ0.3 56藤岡康 8ト3↑5人 ⑤⑦⑥37.2 出遅不35.5 ミエノワンダ	2中⑧3.17 スプリングSGⅡ 9 天内1485 468Ⓢ0.7 56北村友 16ト10↑12人 ⑬⑫⑩38.0 出遅不35.0 ロゴタイプ	2阪③3.30 アザレア500万 2 両外2296 498Ⓢ0.0 56Cデム 8ト7↑3人 ①①①38.9 逃粘る33.3 アドマイヤス	1福④4.14 未勝利1 芝2004 486Ⓗ0.4 56松山 16ト3↑2人 ①①①34.1 逃切る36.9 ルーベンスク	2阪⑧4.14 未勝利(混)1 天ダ1550 516Ⓜ0.1 56藤田 16ト13↑4人 ②②②38.0 先抜出37.9 ウインアルカ
左芝・左ダ・右ダ・右芝・京都芝	000020 000000 000000 000011	000011 000011 000010 000000	000011 000000 000010 100010	000011 000010 000000 000011	100100 000111 000111 000032	000010 100041 000011 100010	000010 000000 000010 100030	001000 000000 000111 010222
→芝重 勝利	○00000	○00000	○10000	○00000	○00000	○00100	○00000	○00000

【解答】

買　い

【解説】

●単勝オッズ1倍台前半の成績は複勝率90％（『②人気で分かる狙い時、消し時』参照）。

●ディープインパクト産駒の重賞は買い。単勝オッズ1倍台で複勝率88.9％（『㉛ディープインパクト』参照）。

●乗替わりなし、武豊連続騎乗で単勝オッズ1倍台前半は複勝率93.3％（『㊼乗替わりなし」参照）。

●ノースヒルズM（馬主・前田晋二）の馬で1番人気、もしくは、重賞で5番人気以内は買い（『㉑ノースヒルズM』参照）。

【レース結果】

1着⑤キズナ（1番人気）

2着⑧ペプチドアマゾン（9番人気）

3着⑫ジャイアントリープ（11番人気）

単勝⑤140円　複勝⑤110円 馬連⑤⑧2470円　馬単⑤⑧3020円

3連複⑤⑧⑫16100円　3連単⑤⑧⑫52030円

圧倒的1番人気に応え、キズナが快勝。本番の日本ダービーへ向けて絶好の前哨戦となった。

スタートでは後手を踏んだが、キズナの脚を信頼し、後ろから2頭目を追走。4コーナーでもまだ後方だったが、直線に入ると大外から一気の豪脚で差し切り圧勝した。

【チェックポイント】

武豊の単勝1倍台前半は、超高確率で馬券になる。軸で信頼！

⑦⑦第48回京都牝馬S（GⅢ）

【ケーススタディ②　このレース、武豊は買いか？ 消しか？】

では、次も2013年に行われた重賞から出題しよう。

【問2】

第48回京都牝馬S（GⅢ）

2013年1回京都6日目11R（1月19日）

武豊騎乗⑫アプリコットフィズ

単勝オッズ…8～9番人気、25～30倍を推移

馬場状態…良

※ヒント：「厩舎」「乗替わり」「馬主」に注目。

京都 11 発走 15：45

第48回 京都牝馬ステークス（GⅢ）（4歳以上、オープン・牝馬（国際）（指定）・別定） 芝1600

色枠番	桃8	桃8	橙7	橙7	緑6	緑6	黄5	黄5	青4	青4	赤3	赤3	黒2	白1
馬番	14	13	12	11	10	9	8	7	6	5	4	3	2	1
父	キングカメハメハ	グラスワンダー	ジャングルポケット	ディープインパクト	クロフネ	アッミラーレ	メダグリアドーロ	アドマイヤボス	サウスヴィグラス	スペシャルウィーク	オレハマッテルゼ	キングカメハメハ	バゴ	フジキセキ
馬名	エーシンリターンズ	シースナイプ	アプリコットフィズ	アンチュラス	ベストクルーズ	フラワーロック	エーシンメンフィス	アスカトップレディ	サクラクローバー	クィーンズバーン	ハナズゴール	レディアルバローザ	オウケンサクラ	アカンサス
母（母父）	エイシンサンサン4勝（キャロルハウス）	マニフィカート0勝（スペシャルウィーク）	マンハッタンフィズ1勝（サンデーサイレンス）	アンチヨ輸入（ワイルドゾーン）	マサコチャン未登録（サンデーサイレンス）	カシオペアレディ0勝（デインヒル）	テネシーガール4勝（パインブラフ）	タガノシャーディ0勝（シャーディー）	サクラブリファアー2勝（ラムタラ）	シンコウエンジェル2勝（オジジアン）	シャンハイジエル1勝（シャンハイ）	ワンフォーローズ輸入（テハノラン）	ランフォザドリーム5勝（リアルシャダイ）	センスオブアート2勝（アンブライドルズソン）
毛色	栗毛	鹿毛	黒鹿毛	鹿毛	芦毛	鹿毛	鹿毛	黒鹿毛	鹿毛	黒鹿毛	栗毛	鹿毛	鹿毛	青毛
斤量性齢	55牝6	54牝6	56牝6	53牝4	53牝6	53牝5	55牝5	54牝6	54牝6	54牝5	54牝4	55牝6	54牝6	54牝5
騎手	和田	藤田	替武豊	池添	川田	岩田	川須	替酒井学	替幸	替藤岡佑	浜中	替ルメール	替北村友	三浦
条件 賞金	オープン 3875	オープン 2250	オープン 5150	1600万 1600	1600万 1400	1600万 1350	オープン 3300	オープン 2100	オープン 2450	オープン 2025	オープン 3650	オープン 3450	オープン 2275	オープン 2225
総賞金	16645	9906	京都入厩18973	3657	11529	京都入厩 5564	7436	12730	京都入厩 8049	10195	栗東入厩 8350	18703	15479	京都入厩10472
厩舎	坂口則（栗）	河内（栗）	小島太（北）	安田隆（栗）	松田博（栗）	尾関（南）	野中（栗）	須貝尚（栗）	田島俊（南）	浅見（栗）	加藤和（北）	笹田（栗）	音無（栗）	畠山吉（南）
柏木 集保	△		▲					◬	△		◎	○		△
小木曽大祐	△			△				▲	◬	△	◎	○		
黒津 紳一						△	○	◬	△		◎	△		▲
久保木正則	△		◬				△		◎		○	△		▲
桧原 正行	△						◬	○	△		◎	▲		△
本紙 飯田	▲		△				△		◬		◎	○		△
馬主名	㈱栄進堂	松岡隆雄	㈲社台RH	㈱G1R	飯田正剛	㈲酒井牧場	㈱栄進堂	上野武	㈱さくらC	林正道	Mタバート	ロードHC	福井明	㈱Basi
生産牧場	栄進牧場	社台ファ	社台ファ	追分F	千代田牧	酒井牧場	三嶋牧場	藤井益美	谷岡牧場	ノーザン	不二牧場	ケイアイ	高瀬牧場	社台ファ
最高時計 1400	京芝1210①	……	京芝1213⑬	京芝1205⑤	京芝1213②	幌芝1211③	京ダ1126②	阪芝1252⑨	阪芝1215⑤	阪芝1219①	東芝1242①	京芝1217②	京芝1200③	……
最高時計 1600	新芝1315②	阪芝1357⑦	中芝1320②	京芝1347①	京芝1342③	中芝1346⑧	京ダ1442①	新芝1325⑨	中芝1328①	東芝1330⑦	阪芝1338①	東芝1320③	京芝1328⑯	中芝1351⑪
最高時計 1800	東芝1459⑦	京芝1454④	東芝1461⑩	……	京芝1450②	中芝1474⑤	京芝1512❶	京芝1450①	京芝1467⑥	……	……	阪芝1454①	新芝1460④	福芝1464③
最高時計 2000	京芝1595⑤	京芝1572⑥	京芝1586③	……	京芝1593⑫	……	幌芝2036①	京芝1571④	……	……	札芝1590④	京芝1587⑤	東芝1589④	東芝1587①
距離別勝利	0 2 2 1 2	3 2 0 0 0	0 1 3 0 3	0 0 1 1 1	0 0 2 1 2	0 0 2 2 2	0 4 1 0 0	0 4 1 0 1	0 0 3 2 3	0 0 1 3 1	0 0 3 1 3	0 2 2 1 2	0 2 1 0 1	0 3 1 0 1
	0 1 2 1 2	0 2 0 0 0	0 0 3 0 3	0 0 0 1 0	0 1 0 3 0	0 0 1 0 1	0 0 0 1 0	0 3 1 0 1	0 0 0 1 0	0 0 1 1 1	0 0 0 0 0	0 0 2 1 2	0 0 1 0 1	0 1 1 0 1
	0 1 2 0 2	2 1 0 0 0	0 1 0 1 0	0 0 0 1 0	0 4 2 2 2	0 0 0 2 0	0 1 0 1 0	0 1 4 0 4	0 0 0 7 0	0 0 0 1 0	0 0 0 0 0	0 1 2 1 2	0 1 0 1 0	0 1 0 0 0
	1 2 7 1 7	2 10 1 0 1	1 4 6 1 6	0 0 1 4 1	0 9 3 1 3	0 2 6 9 6	0 3 0 2 0	0 10 3 1 3	0 1 7 4 7	0 0 5 2 5	1 2 3 1 3	1 6 6 2 6	2 11 5 5 5	2 7 1 0 1
兄弟馬	エイシンニーザン	フレンチボウ	クレスコグランド	イングリッド	サトノロマネ	マスタープリメーラ	エーシントゥルボー	カスターニャ	㊂サクラジェネシス	ワイルドソルジャー	コスモバロン	キャトルフィーユ	フィーユドゥレーヴ	カレンケカリーナ
前走成績1	2東⑨5.19 メイSハンデ 1 天芝1464 450Ⓢ0.0 54戸崎 12ト6番4人 ①①①37.0 逃切る33.3 ステラロッサ	3京③4.28 下鴨1600万定量 6 二内1580 446Ⓢ0.4 55安藤勝 18ト7番2人 ⑦⑨⑩36.8 中位詰34.2 ジェントルマ	3中④4.1 ダービー卿GⅢハンデ 6 共外1338 440Ⓢ0.3 55田中勝 16ト12番2人 ④⑤⑥35.8 好位下34.6 ガルボ	6阪④12.11 ジュベナイルGⅠ 5 共外1354 446Ⓢ0.5 54川田 18ト1番10人 中位伸34.8 ジョワドヴィ 3ヵ月休放牧	2阪⑥4.8 山陽1600万定量 1 共外1352 442Ⓢ0.2 55川田 17ト4番2人 ⑧⑨⑨37.0 中位差34.3 タイキエイワ	3中⑧4.15 春興1600万ハンデ 11 共外1362 460Ⓗ0.8 54丸山 14ト11番3人 先行下37.1 ミヤビファル 3ヵ月休放牧	1阪❺3.10 1000万牝 3 天ダ1527 496Ⓜ0.2 55小牧太 16ト9番5人 ①①①37.1 逃一息38.3 ペパーミント	2京②1.29 京都牝馬GⅢ別定 3 共外1340 474Ⓜ0.2 54酒井学 16ト11番3人 中位伸34.7 ドナウブルー 3ヵ月休放牧	3東④6.10 ジューン1600万定量 4 共芝1341 466Ⓜ0.6 55田辺 11ト3番4人 ⑥⑦④35.8 中位詰35.1 リルダヴァル	2京②1.29 京都牝馬GⅢ別定 5 共外1342 452Ⓜ0.4 52藤岡佑 16ト6番10人 ①①①35.4 逃一息35.3 ドナウブルー	2東⑩5.20 オークスGⅠ定量 7 四芝2248 418Ⓜ1.2 55田辺 18ト10番5人 一瞬鋭35.2 ジェンティル 3ヵ月休放牧	2京②1.29 京都牝馬GⅢ別定 6 共外1345 490Ⓜ0.7 54武豊 16ト8番7人 ⑦⑦⑨36.0 下差返35.2 ドナウブルー	3京⑫5.27 安土城S別定 3 云外1200 496Ⓜ0.2 54太宰 11ト9番8人 ②②②34.6 先粘る34.1 ドリームバレ	2東⑨5.19 メイSハンデ 5 天芝1470 436Ⓢ0.6 53横山典 12ト3番3人 ⑧⑧⑧37.8 中位詰33.2 エーシンリタ
前走成績2	2中京⑧7.22 中京記念GⅢハンデ 14 共芝1366 474Ⓜ1.5 54松山 16ト14番4人 ⑤⑤④36.5 好位下36.9 フラガラッハ	3京⑧5.13 パールS牝 1 天外1464 450Ⓢ0.0 55藤田 13ト4番4人 ③④③36.5 好位抜33.2 ラブフール	2東⑧5.13 ヴィクトリアマイルGⅠ定量 18 共芝1341 442Ⓜ1.7 55田中勝 18ト11番6人 出遅不35.0 ホエールキャ 5ヵ月休放牧	1阪⑥3.11 フィリーズレビューGⅡ 9 云内1238 444Ⓗ1.0 54川田 16ト8番3人 ⑥⑦⑦35.1 折合欠37.1 アイムユアー	3京⑧5.13 パールS牝 4 天外1465 436Ⓢ0.1 55安藤勝 13ト7番6人 ①①①36.0 逃一息33.7 シースナイプ	1札②7.22 大倉山牝 12 天芝1488 474Ⓜ2.1 55横山典 13ト9番4人 ①①②35.3 逃一杯37.6 ケープタウン	2阪❹4.1 1000万牝 6 天ダ1515 496Ⓜ0.5 55川田 16ト15番3人 好位下38.5 ナイスミーチ 6ヵ月休放牧	1福⑤4.21 福島牝馬GⅢ別定 4 天芝1464 476Ⓗ0.3 54川須 16ト15番3人 ⑫⑪⑩36.6 後方伸34.6 オールザット	2中京⑦7.21 飛騨Sハンデ 3 云芝1224 464Ⓗ0.2 53松山 18ト12番7人 ⑬⑫⑫35.7 出遅不35.2 ウインドジャ	1阪⑤3.10 うずしおS牝 3 云内1225 448Ⓢ0.3 55藤岡佑 11ト7番3人 ③③③36.1 好位伸34.7 カトルズリッ	2札②8.19 札幌記念GⅡ 4 二芝1590 410Ⓜ0.3 52田辺 14ト7番5人 ⑨⑪⑫35.8 後方伸34.8 フミノイマー	2中❻3.11 中山牝馬GⅢハンデ 1 天内1506 482Ⓜ0.1 54福永 16ト12番8人 ①①①36.1 逃切る36.3 オールザット	2福②6.17 バーデンバーデンCハンデ 4 壬芝1097 494Ⓗ0.4 53北村宏 11ト3番4人 ⑧⑧⑧34.2 後方詰35.5 ビウイッチア	3阪⑥6.17 マーメイドGⅢハンデ 5 二内2006 436Ⓜ0.7 54幸 14ト14番5人 後方詰36.6 グルヴェイグ 3ヵ月半休放牧
前走成績3	3新②8.12 関屋記念GⅢ別定 2 共外1315 466Ⓢ0.0 54北村宏 18ト3番5人 ②③③35.5 直競負32.5 ドナウブルー	3阪⑥6.17 マーメイドGⅢハンデ 4 二内2003 450Ⓜ0.4 54川田 14ト13番3人 ⑧③③36.7 一旦先36.5 グルヴェイグ	4東④10.13 府中牝馬GⅡ別定 10 天芝1461 444Ⓢ0.6 54田中勝 17ト3番7人 ⑪⑩⑩36.8 中位儘33.3 マイネイサベ	2阪④4.1 マーガレットS別定 10 云内1245 446Ⓜ0.8 54川田 14ト14番5人 追上退36.3 シゲルスダチ 6ヵ月休放牧	3阪②6.3 ストークS定量 4 共外1342 434Ⓢ0.5 55川須 9ト2番2人 ②③③37.3 好位儘33.5 スマートシル	2札②8.19 札幌スポニチ牝 7 五芝1288 472Ⓢ0.9 55内田博 14ト11番10人 ②②②35.9 落鉄34.9 アドマイヤセ	4京③10.8 500万牝 11 天ダ1565 516Ⓢ4.2 55小牧太 11ト6番3人 ⑨⑦⑥39.3 出遅不40.1 サンビスタ	2東⑧5.13 ヴィクトリアマイルGⅠ定量 14 共芝1336 474Ⓜ1.2 55川須 18ト18番14人 ⑦⑫⑬35.3 後方儘34.4 ホエールキャ	4中⑧9.29 秋風Sハンデ 10 共外1351 474Ⓢ0.6 53横山典 14ト3番7人 ⑫⑬⑭37.9 外回る33.4 サトノタイガ	2阪⑤4.7 阪神牝馬GⅡ別定 1 云内1219 448Ⓜ0.0 54藤岡佑 17ト15番11人 ①①①34.9 逃切る35.5 マルセリーナ	4阪④9.16 ローズSGⅡ … 天外取消 ……… 54田辺 10ト10番 感冒 ジェンティル	2阪⑤4.7 阪神牝馬GⅡ別定 10 云内1225 490Ⓜ0.6 54浜中 17ト9番5人 ④⑤⑤35.6 中位儘35.4 クィーンズバ	2中京❷7.1 CBC賞GⅢハンデ 4 壬芝1089 494Ⓗ0.2 53太宰 17ト13番8人 …⑧⑥34.3 中位伸34.6 マジンプロス	4中⑧9.29 秋風Sハンデ 11 共外1351 446Ⓢ0.6 56三浦 14ト14番6人 ⑨⑨⑫37.4 外回る33.6 サトノタイガ
前走成績4	4中②9.9 京成杯AHGⅢハンデ 7 共外1316 462Ⓜ0.9 55北村宏 16ト12番1人 ⑦⑦⑥35.0 中位儘34.4 レオアクティ	1札④7.29 クイーンSGⅢ別定 10 天芝1478 448Ⓢ0.6 55丹内 14ト11番7人 ⑬⑬⑭37.4 後方詰34.2 アイムユアー	4京⑧10.27 スワンSGⅡ別定 13 云外1213 442Ⓢ0.8 54Mデム 16ト5番14人 ④⑥⑨35.7 折合欠34.2 グランプリボ	4京③10.8 久多特別ハンデ 5 云外1205 456Ⓗ0.4 53池添 18ト10番4人 ⑨⑧⑨35.6 中位詰33.8 ウエストエン	3阪⑥6.17 マーメイドGⅢハンデ 6 二内2009 436Ⓜ1.0 52北村友 14ト10番13人 後方詰36.6 グルヴェイグ 6ヵ月休放牧	4東⑥10.20 1000万牝 14 云ダ1260 476Ⓜ2.0 55内田博 15ト4番5人 ①②②35.4 先一杯38.5 パワースポッ	4新⑤10.27 500万牝 1 天ダ1545 514Ⓜ0.1 52中井 14ト13番3人 ②①①36.6 三角先39.7 ディアアプロ	2新⑥7.29 NST別定 5 天外1463 476Ⓢ0.3 54内田博 12ト3番3人 ⑦⑥⑨36.9 出遅不33.0 スマートシル	4京④10.13 清水Sハンデ 5 共外1333 474Ⓢ0.3 53幸 10ト6番5人 ⑧⑧⑧36.7 後方詰33.4 サンレイレー	2東⑧5.13 ヴィクトリアマイルGⅠ定量 7 共芝1330 444Ⓜ0.6 55内田博 18ト8番9人 逃一杯34.8 ホエールキャ 6ヵ月休放牧	4京⑤10.14 秋華賞GⅠ 16 二内2020 406Ⓢ1.6 55田辺 18ト10番8人 ⑮⑰⑰37.7 出遅不34.0 ジェンティル	2東⑧5.13 ヴィクトリアマイルGⅠ定量 9 共芝1331 478Ⓜ0.7 55福永 18ト2番8人 ④⑤⑦35.1 好位下34.2 ホエールキャ	2新④7.22 アイビスSDGⅢ別定 14 千直55.5 502Ⓗ1.3 54北村宏 18ト9番8人 ……⑫22.6 後方儘32.9 パドトロワ	4東⑤10.14 アイルランドT別定 1 二芝1587 446Ⓢ0.0 53三浦 13ト12番5人 ⑨⑨⑨37.5 後追鋭33.5 リルダヴァル
前走成績5	4東④10.13 府中牝馬GⅡ別定 7 天芝1459 464Ⓢ0.4 54北村宏 17ト2番4人 一瞬鋭33.8 マイネイサベ 3ヵ月休放牧	4東④10.13 府中牝馬GⅡ別定 15 天芝1465 442Ⓢ1.0 54丹内 17ト12番15人 ①①①35.5 逃一杯35.0 マイネイサベ	5東⑧11.25 キャピタルS別定 15 共芝1334 446Ⓢ1.3 54蛯名 18ト9番7人 ⑥⑤⑫35.4 好位下35.2 ヤマニンウイ	4京⑨10.28 1000万牝 1 共外1347 454Ⓜ0.0 53池添 16ト6番2人 ⑩⑨⑧35.8 直競勝35.0 リフトザウイ	5阪⑥12.16 元町S定量 9 共外1358 440Ⓢ0.7 55川田 11ト1番7人 ⑥⑤⑦36.9 中位下34.6 ムクドク	3中京②12.2 浜名湖牝 3 云芝1211 472Ⓜ0.3 55柴山 18ト10番8人 ④②②34.5 一旦先35.0 サニーヘイロ	5京❺11.17 衣笠牝 1 天外1512 514Ⓢ0.5 55川須 15ト5番12人 ①①①38.1 逃切る34.9 スターコレク	3新②8.12 関屋記念GⅢ別定 9 共外1325 474Ⓢ1.0 54大庭 18ト2番10人 中位儘33.1 ドナウブルー 4ヵ月休放牧	5東②11.4 ユートピア牝 4 共芝1340 470Ⓢ0.0 55横山典 9ト7番5人 ⑦⑦⑦36.6 イン伸33.2 パストフォリ	川崎②11.5 JBCレ 8 天ダ1427 458Ⓢ2.0 55Mデム 12ト6番3人 ②②③36.5 二位下40.7 ミラクルレジ	5京⑦11.24 京阪杯GⅢ別定 5 壬内1087 422Ⓜ0.2 53田辺 18ト18番7人 ⑬⑪⑭35.0 後方詰33.7 ハクサンムー	3東④6.10 エプソムCGⅢ別定 12 天芝1480 480Ⓜ1.3 54内田博 18ト5番9人 好位下35.2 トーセンレー 6ヵ月休放牧	3新⑤8.25 朱鷺S別定 6 云内1207 504Ⓜ1.0 54北村宏 18ト8番5人 二位下35.3 レオアクティ 4ヵ月半休放牧	5京❹11.11 エリザベス女王杯GⅠ定量 8 三外2172 446Ⓢ0.9 56三浦 16ト2番11人 ⑨⑫⑭38.5 折合欠36.4 レインボーダ
前走成績6	1京①1.5 京都金杯GⅢハンデ 12 共外1347 468Ⓢ1.2 55和田 16ト14番12人 ③③③35.7 好位下35.5 ダノンシャー	3中京⑤12.15 愛知杯GⅢハンデ 11 二芝2046 462Ⓢ1.0 54藤田 18ト11番13人 ④④④38.7 好位下35.2 エーシンメン	5中⑦12.22 ラピスラズリS別定 3 壬外1092 442Ⓗ0.5 56田中勝 14ト5番11人 ⑫⑫⑪34.7 後方伸34.5 サクラゴスペ	1京①1.5 新春S定量 10 云外1224 458Ⓜ0.8 54池添 16ト9番4人 ⑦⑤④35.8 好位下35.3 カイシュウコ	1京①1.5 新春S定量 3 云外1218 442Ⓜ0.2 55川田 16ト3番9人 ⑨⑩⑩36.3 中位伸34.2 カイシュウコ	5中⑧12.23 ノエル牝 1 共外1351 472Ⓢ0.0 55岩田 16ト5番2人 ①①①36.0 一杯逃35.3 ウインクリア	3中京⑤12.15 愛知杯GⅢハンデ 1 二芝2036 508Ⓢ0.2 51川須 18ト12番7人 ①①①37.9 逃切る34.6 サンシャイン	3中京⑤12.15 愛知杯GⅢハンデ 10 二芝2046 476Ⓢ1.0 54松山 18ト9番6人 ⑰⑰⑰39.9 後方詰34.2 エーシンメン	5中②12.2 市川S定量 1 共外1328 470Ⓗ0.0 55横山典 15ト11番4人 ⑧⑦⑥34.6 直抜出35.5 フルアクセル	5中②12.2 ターコイズSハンデ 12 共外1338 456Ⓜ0.4 56三浦 16ト4番6人 ②②②35.3 先一杯35.2 サウンドオブ	5阪⑤12.15 リゲルS別定 1 共外1338 420Ⓜ0.2 53浜中 13ト2番2人 ⑪⑨⑦37.4 G前鋭33.3 マウントシャ	5中②12.2 ターコイズSハンデ 5 共外1337 484Ⓜ0.3 56大野 16ト3番10人 ⑤⑥⑤35.6 好位儘34.8 サウンドオブ	1中④1.13 ニューイヤーS別定 15 共外1348 508Ⓜ1.3 54内田博 16ト15番12人 ②②②35.0 先一杯36.0 ミトラ	3中京⑤12.15 愛知杯GⅢハンデ 8 二芝2045 450Ⓢ0.9 55三浦 18ト3番9人 ⑦⑦⑦39.0 中位儘34.8 エーシンメン
脚質別連対数	逃1 先6 差2 追0	逃0 先5 差2 追0	逃0 先5 差2 追0	逃0 先2 差1 追0	逃0 先1 差4 追2	逃1 先2 差2 追0	逃4 先2 差0 追0	逃0 先4 差5 追0	逃0 先0 差5 追1	逃4 先2 差0 追0	逃0 先0 差3 追1	逃3 先1 差4 追0	逃1 先1 差2 追0	逃0 先0 差5 追1
出走間隔成績	中1週 0 0 0 0	中4週 0 0 0 1	中3週 0 1 1 1	中1週 0 0 0 0	中1週 2 1 1 2	中3週 2 0 0 4	中4週 0 0 0 0	中4週 0 0 0 0	中6週 0 0 0 1	中6週 0 0 0 0	中4週 0 0 0 1	中6週 0 0 0 0	連闘 0 0 0 0	中4週 1 1 0 3
重賞成績	0 1 3 9	0 0 0 5	2 3 1 11	0 1 0 2	0 1 1 5	0 0 0 1	1 0 0 0	0 0 2 9	0 0 0 0	1 0 0 3	1 0 0 5	2 0 3 12	1 1 0 17	0 0 1 6
コース別勝利度数 左芝	2 0 0 3 2	0 0 0 5 3	3 0 0 1 0	0 0 0 2 1	0 0 0 3 1	0 2 0 2 0	1 1 2 1 1	1 0 0 4 2	1 1 0 3 0	0 0 1 3 1	2 0 0 2 0	0 0 0 5 0	0 0 0 3 2	2 0 0 2 0
左ダ	2 0 0 2 1	0 0 0 2 0	1 0 0 2 0	0 0 0 1 1	0 0 0 4 2	0 0 0 1 0	0 0 1 0 0	0 0 0 4 2	0 0 0 1 0	0 0 0 2 1	0 0 0 0 0	2 0 0 1 1	0 0 0 1 0	0 0 0 2 0
右ダ	0 0 0 3 0	0 0 0 3 2	0 0 0 2 1	0 0 0 1 0	0 0 0 8 3	1 1 0 0 0	0 0 2 0 0	0 0 0 5 3	4 1 1 1 0	0 0 0 1 0	0 0 0 0 0	1 0 0 3 1	0 0 0 2 1	0 0 0 1 0
右芝	0 0 0 1 0	0 0 0 4 3	0 0 0 0 0	0 0 0 0 0	0 0 0 3 1	0 2 0 0 0	0 0 0 0 0	1 0 0 3 1	3 0 0 1 0	0 0 0 0 0	0 0 0 1 0	0 0 0 2 2	3 0 0 3 1	0 0 0 1 1
京都芝	0 0 0 0 0	0 0 0 1 0	0 0 0 1 0	0 0 0 2 1	0 0 0 1 1	0 2 1 1 0	0 0 0 0 0	3 0 0 0 0	1 0 0 2 1	0 0 0 1 1	0 0 0 1 1	1 0 0 2 1	1 0 0 0 0	1 0 0 1 0
	4 0 0 6 4	2 0 1 5 2	5 0 0 6 2	0 0 0 3 1	1 0 0 8 1	1 4 2 4 0	0 0 5 0 0	3 0 0 4 0	0 1 0 4 1	1 1 2 2 0	3 0 0 2 1	3 0 0 7 2	6 1 0 9 3	2 0 0 5 1
一芝重 勝利	○0 0 1 0	○0 0 1 0	○0 1 0 1	○0 0 0 0	○0 0 0 1	○0 1 0 0	◎1 0 0 0	○1 2 0 1	○0 0 2 0	○0 0 0 0	○0 0 0 0	○2 0 0 0	○0 0 0 3	○0 0 0 2

レコード 1.31.8 エーシンフォワード 57岩田 22年11月

推定タイム 良 1.33秒台 重 1.35秒台

賞金（万円） ① 3500 ② 1400 ③ 880 ④ 530 ⑤ 350

馬場状態 不 重 稍 良

馬番左と成績欄1着または2着馬名左のBはブリンカー着用を示す。

【解答】

消　し

【解説】

●小島太厩舎は勝ちきれない（『㉓小島太厩舎』参照）。

●田中勝→武豊の乗替わりは消し（『㊿田中勝春→武豊』参照）。

●社台レースホース所有馬で人気薄は狙えない（『68社台RH、サンデーR』参照）。

【レース結果】

1着④ハナズゴール（1番人気）

2着⑧エーシンメンフィス（2番人気）

3着⑩ベストクルーズ（10番人気）

6着⑫アプリコットフィズ（9番人気）

単勝④170円　馬連④⑧690円　馬単④⑧890円

3連複④⑧⑩5690円　3連単④⑧⑩14580円

1番人気のハナズゴールが、内から楽々と抜け出し、重賞2勝目を達成したレース。武豊騎乗のアプリコットフィズは外々をまわり、直線も外からじわじわ脚を伸ばすも6着に敗れた。

【チェックポイント】

社台系クラブ馬主（社台RH、サンデーR）の所有馬は買えない！

⑱三年坂特別（1000万下）

【ケーススタディ③　このレース、武豊は買いか？ 消しか？】

では、次は条件戦からの出題。少し難しいけど、挑戦してほしい。

【問2】

三年坂特別（1000万下）

2011年5回京都6日目9R（10月23日）

武豊騎乗③エーシンハーバー

単勝オッズ…7～8番人気、12～15倍を推移

馬場状態…良

※ヒント：「乗替わり」「馬主」に注目。

京都 9 発走 14:25

三年坂特別（さんねんざか）

（3歳以上、1000万下・(混)・(特指)・定量）

芝1600（外）

色枠番	白1	黒2	赤3	青4	黄5	緑6	緑6	橙7	橙7	桃8	桃8
馬番	1	2	3	4	5	6	7	8	9	B 10	11
父	キングカメハメハ	マンハッタンカフェ	コジーン	キングヘイロー	ジャングルポケット	シンボリクリスエス	フジキセキ	ディープインパクト	ディープインパクト	グラスワンダー	メイショウオウドウ
馬名	リヴェンテ	エーシンミズーリ	(外)エーシンハーバー	ザバトルユージロー	カルドブレッサ	ビーチパレード	タムロスカイ	アルティシムス	ペルレンケッテ	タガノザイオン	デンコウジュピター
母（母父）	アスペンリーフ1勝（サンデーサイレンス）	セントルイスガール1勝（シルヴァーホーク）	エコーハーバー（ボストンハーバー）	ライジングフラッグ0勝（ラムタラ）	ラフイカ0勝（サンデーサイレンス）	ビーチフラッグ3勝（バウンダリー）	タムロチェリー3勝（セクレト）	アルーリングアクト2勝（エンドスウィープ）	ブンティラ輸入（アカテナンゴ）	タガノクイーン2勝（サンデーサイレンス）	ツリー未出（ゴールデンフェザント）
毛色	青鹿毛	黒鹿毛	芦毛	鹿毛	栗毛	黒鹿毛	栗毛	鹿毛	鹿毛	鹿毛	鹿毛
斤量性齢	55 牡3	55 牡3	53 牝3	57 牡5	55 牡3	53 牝3	57 牡4	55 牡3	53 牝3	57 牡4	55 牡3
騎手	四位	川田	(替)武豊	(替)幸	(替)福永	(替)木村健	佐藤哲	(替)秋山	(替)藤田	(替)岩田	北村友
条件 賞金	1000万 900	1000万 900	1000万 900	1000万 700	1000万 900	1000万 900	1000万 950	1000万 900	1000万 900	1000万 700	1000万 900
総賞金	1669	3744	2989	4460	2676	2360	6868	1962	2365	2355	2509
厩舎	浅見(栗)	坂口則(栗)	藤岡健(栗)	本田(栗)	吉田(栗)	加用(栗)	西園(栗)	野村(栗)	音無(栗)	小原(栗)	佐山(栗)
柏木集保		△	△				○	△	△	▲	◎
宮崎秀一		△	△		○			◎	▲	△	△
黒津紳一		△	△		△		△	▲	◎	○	
久保木正則	△	△	◎				▲	△	△	○	
桧原正行	▲	○	△		△		△	△	◎		
本紙飯田		◎	△		△		▲	△	△	○	
馬主名	(有)社台RH	(株)栄進堂	(株)栄進堂	宮川秋信	キャロット	(有)社台RH	谷口屯	(有)社台RH	キャロット	八木良司	田中康弘
生産牧場	追分F	小島牧場	ホープウ	三石川上	ノーザン	社台ファ	諏訪牧場	白老F	ノーザン	新冠タガ	中脇一幸
最高時計 1400	孟芝1316⑩	……	京芝1223⑤	京芝1229⑤	……	京ダ1264③	京芝1220②	京芝1214⑤	阪芝1210②	孟芝1289①	阪芝1215⑫
最高時計 1600	……	東芝1330②	阪芝1354⑭	京芝1347⑫	阪芝1347⑥	毛ダ1468①	阪芝1333④	新芝1344⑦	阪芝1356③	……	阪芝1339⑧
最高時計 1800	阪芝1487⑯	阪芝1472②	……	小芝1467②	小芝1474①	阪ダ1529❶	小芝1461②	阪芝1480⑦	阪芝1490③	京芝1507⑧	小芝1474③
最高時計 2000	京芝2053①	京芝2013①	……	小芝2012②	……	……	小芝2000③	……	……	云ダ2319❸	……
距離別勝利 千二以下	02000	02000	00111	00110	01101	01100	03000	00111	00020	01010	01101
千四〜千六	00000	04101	00010	03000	00202	00010	03111	00000	00020	01010	01000
千八〜二千二	00000	02000	00010	02020	00101	01120	03010	00000	01101	10000	02000
二千四以上	02010	01000	00111	07585	02404	02120	08202	02121	00000	27010	01323
兄弟馬	レジネッタ	エーシンブランシュ	ウエスタンスモーク	ダイゴロー	エアパスカル	ビーチブリーズ	タムロチェスト	アルーリングボイス	ハッピーユーゲント	タガノファントム	デンコウウインディ
前走5	2京② 1.30 新馬(混) 1 亖内2053 502Ⓢ0.2 56Mデム 14ト12ｽ3人 ⑧⑧⑧38.7 G前脱33.7 ロードランパ	2京⑤ 2.12 つばき 500万 3 大外1488 460Ⓜ0.7 56四位 12ト8ｽ7人 ④②②36.2 先粘る35.7 ダノンシャー	2京⑥ 2.13 500万(混) 1 芸内1229 454Ⓗ0.0 54岩田 13ト5ｽ1人 ④⑤④35.5 直競勝35.7 イトククリ	3中② 6.19 鹿野山 1000万定量 6 大内1483 440Ⓢ0.5 57武士沢 10ト6ｽ9人 ⑤⑤⑥37.1 中位儘34.6 ニシノメイゲ	1阪① 2.26 アーリントン G3別定 6 天外1347 472Ⓜ0.5 56川田 13ト4ｽ7人 ⑤⑤⑤35.9 前塞る35.2 ノーザンリバ	3阪❸ 6.11 未勝利 牝馬 1 大ダ1529 472Ⓢ0.0 54川島 13ト4ｽ5人 ②②②38.2 二位抜36.3 ブラックアテ	4京④ 7.10 一乗寺 500万定量 7 天外1344 482Ⓢ0.5 57佐藤哲 18ト11ｽ2人 ⑧⑥⑤36.5 S後挟34.2 ドリームカト	2京❼ 2.19 こぶし 500万 1 天内1351 446Ⓗ0.0 56秋山 15ト2ｽ4人 ⑨⑨⑦35.8 中位差35.5 カルドブレッ	2阪⑦ 4.16 未勝利(混) 2 芸内1216 466Ⓜ0.4 54藤田 17ト5ｽ2人 ③②②35.0 好位伸35.4 リーサムハー	3小② 4.17 500万(混) 7 云ダ2365 476Ⓜ0.5 55川須 12ト10ｽ4人 ⑨⑨⑨39.0 前塞る38.2 ジャストザシ	4阪④ 6.26 南港 500万定量 8 天外1339 490Ⓜ0.5 54北村友 12ト4ｽ9人 ②②②35.3 二位下34.9 フラッパーウ
前走4	1東⑧ 2.20 セントポーリア 500万 12 天芝1496 500Ⓜ1.3 56Mデム 16ト11ｽ2人 ⑮⑭⑭38.0 出遅不35.3 ヒラボクイン	2小⑥ 3.27 フリージア 500万 2 天芝1486 452Ⓜ0.0 56中舘 16ト15ｽ1人 ③③③36.6 好位伸35.1 サウンドバス	1阪⑤ 3.21 フィリーズR G2馬齢 3 芸内1225 458Ⓗ0.2 54武豊 16ト6ｽ5人 ⑫⑫⑪35.4 後方伸35.7 フレンチカク	3新① 7.16 五頭連峰 1000万ハンデ 10 大外1497 436Ⓢ0.7 56太宰 12ト2ｽ9人 ⑩⑨⑪38.7 出足悪32.8 テーオーティ	2阪② 3.27 毎日杯 G3別定 6 大外1480 478Ⓢ0.9 56川田 18ト16ｽ12人 ⑨⑪⑨35.8 後方詰34.7 レッドデイヴ	1函③ 6.25 500万 12 毛ダ1490 468Ⓜ1.4 52川島 13ト3ｽ6人 ③⑥⑦37.9 前塞る38.4 ナムラロアー	4小① 7.30 筑後川 500万定量 2 天芝1461 482Ⓢ0.3 57佐藤哲 10ト4ｽ1人 ②③②36.4 先行伸34.2 メイショウナ	2阪② 3.27 毎日杯 G3別定 7 大外1480 446Ⓢ0.9 56秋山 18ト2ｽ7人 ⑦⑧⑨35.5 一瞬鋭34.6 レッドデイヴ	3京⑥ 5.8 未勝利 1 芸内1217 466Ⓜ0.3 54藤田 18ト15ｽ1人 ④②③35.1 先抜出34.8 アグネスクロ	3京⑥ 5.8 500万(混) 7 天ダ2008 476Ⓜ0.9 57池添 11ト2ｽ4人 逃一杯38.7 ユニヴァース 3ヵ月休放牧	4京⑧ 7.24 500万(混) 5 芸外1221 488Ⓜ0.5 54北村友 18ト13ｽ5人 ⑦⑦⑧35.5 外伸る35.2 ユメノキラメ
前走3	2阪② 3.27 毎日杯 G3別定 16 天外1487 494Ⓢ1.6 56四位 18ト17ｽ10人 好位下35.5 レッドデイヴ 5ヵ月休ノド	2阪⑦ 4.16 はなみずき 500万 2 天外1472 456Ⓜ0.0 56川田 18ト10ｽ2人 ⑧⑨⑨36.6 中位伸34.7 レッドセイン	2阪⑥ 4.10 桜花賞 G1定量 14 天外1354 458Ⓜ1.5 55武豊 18ト7ｽ8人 ⑫⑦⑧35.4 中位下36.1 マルセリーナ	4小⑤ 8.13 九州スポ 1000万定量 7 天芝1474 428Ⓜ1.3 57太宰 15ト15ｽ8人 ④③④36.4 好位下35.6 エクスペディ	3京❷ 4.24 500万(混) 6 天内1354 482Ⓜ0.6 56和田 17ト7ｽ3人 決手欠35.9 アストロロジ 4ヵ月半休放牧	1函⑦ 7.9 500万 牝馬 3 毛ダ1470 470Ⓜ0.4 52川島 9ト7ｽ7人 ③②②36.9 好位粘38.3 ユメミルテー	4小⑥ 8.14 国東 500万定量 1 天芝1502 482Ⓢ0.2 57佐藤哲 10ト10ｽ1人 ②②②38.9 先抜出34.1 デンコウジュ	3京② 4.24 橘 別定 13 芸外1228 448Ⓗ0.8 56秋山 18ト5ｽ3人 前塞る35.1 ツルマルレオ 3ヵ月休放牧	3阪① 6.4 500万(混) 2 芸内1210 470Ⓜ0.0 54藤田 14ト2ｽ1人 ⑨⑫⑪35.8 外伸る34.1 ジョーアカリ	1札② 8.14 小樽 500万定量 5 孟芝1290 478Ⓜ0.3 57松田 14ト8ｽ8人 ⑧⑧④36.7 中位詰35.0 Bモスカート	4小⑥ 8.14 国東 500万定量 2 天芝1504 500Ⓢ0.2 54北村友 10ト5ｽ7人 ⑥⑥⑤39.5 中位伸33.9 タムロスカイ
前走2	1札⑧ 9.4 インディアT 500万定量 10 孟芝1316 524Ⓢ1.4 55池添 14ト8ｽ8人 ⑪⑩⑨38.2 後方儘35.2 ヴィクトリア	3京③ 4.30 あやめ 500万 1 天外1490 460Ⓢ0.4 56川田 11ト1ｽ1人 好位抜33.8 ウアジェト 5ヵ月休放牧	3京② 4.24 橘 別定 5 芸外1223 456Ⓗ0.3 54藤岡佑 18ト4ｽ6人 ④④④35.2 好位伸35.7 ツルマルレオ	4小⑪ 9.3 不知火 1000万定量 3 天芝1471 430Ⓜ0.7 57太宰 12ト5ｽ9人 ⑦⑦⑦36.3 外伸る35.0 メイショウカ	4小⑫ 9.4 鳥栖 500万定量 1 天芝1474 484Ⓜ0.0 54武豊 16ト7ｽ2人 ⑬⑫⑧37.4 G前差34.6 フクラムサイ	2函④ 7.24 500万 1 毛ダ1468 472Ⓜ0.3 52川島 13ト5ｽ4人 ④④④37.6 好位抜37.8 スナークヒロ	4小⑪ 9.3 不知火 1000万定量 6 天芝1475 482Ⓜ1.1 57和田 12ト6ｽ5人 ④④④36.0 決手欠35.6 メイショウカ	3新⑥ 7.31 豊栄 1000万ハンデ 7 天外1344 450Ⓢ0.4 53福永 12ト2ｽ2人 ⑦⑦⑦37.4 中位儘33.2 ドリームカト	4京① 7.2 大江山 500万定量 1 芸外1213 460Ⓜ0.1 52福永 18ト15ｽ1人 ⑧③①35.1 四角先34.4 ビッグスマイ	1札⑤ 8.27 500万 1 孟芝1289 474Ⓗ0.3 57松田 14ト9ｽ5人 ⑧⑥③36.2 直抜出35.7 Bオメガブル	4小⑫ 9.4 鳥栖 500万定量 3 天芝1474 502Ⓜ0.0 54北村友 16ト10ｽ5人 ⑭⑨④38.0 まくる34.7 カルドブレッ
前走	2札⑧ 10.2 利尻 500万定量 1 天芝1511 510Ⓜ0.1 55四位 14ト11ｽ4人 ⑧⑧⑤38.3 中位差36.1 アドマイヤタ	4東② 10.9 六社 1000万定量 2 天芝1330 466Ⓢ0.1 55川田 9ト7ｽ3人 ②②②35.7 先行伸33.9 タイキバーシ	6ヵ月 休養 仕上がり9分 放牧 調整 鉄砲成績 0100 2走目成績 1000	5京② 10.9 清滝 1000万ハンデ 6 大外1480 432Ⓢ0.4 56太宰 10ト3ｽ8人 ③⑤⑤37.2 好位下33.3 サンビーム	5阪⑤ 9.24 甲東 1000万定量 4 天外1371 486Ⓢ0.3 55武豊 9ト4ｽ2人 ⑦④③38.7 決手欠33.4 ダノンシャー	2札⑥ 9.25 STV 1000万ハンデ 4 孟芝1294 470Ⓜ0.1 51川島 14ト4ｽ9人 ⑩⑩⑩37.1 出遅不34.6 ヴィクトリア	5阪⑤ 9.24 甲東 1000万定量 2 天外1368 484Ⓢ0.0 57佐藤哲 9ト8ｽ3人 ①①①38.2 逃粘る33.3 ダノンシャー	3ヵ月 休養 仕上がり9分 放牧 調整 鉄砲成績 2001 2走目成績 0002	4ヵ月 休養 仕上がり8分 放牧 調整 鉄砲成績 0010 2走目成績 0010	2札⑥ 9.25 STV 1000万ハンデ 2 孟芝1293 474Ⓜ0.0 55松田 14ト12ｽ4人 ⑤⑤④36.5 中位伸35.0 Bヴィクトリ	5阪⑥ 9.25 500万 1 天外1496 496Ⓢ0.1 54北村友 13ト12ｽ2人 ⑦⑦⑦38.6 中位差33.1 シャドウエミ
京都芝	00021	00022	00022	10010	00020	00200	10020	00022	00022	00110	00021
右芝	00000	10041	00010	00030	00021	00100	00052	00000	00020	00110	00010
右ダ〜左ダ	00000	00022	00010	00041	10000	01300	00043	00000	00020	00100	00020
左芝	10020	00011	00021	302157	00062	00410	20082	10043	00000	00732	00062
→芝重 勝利	○0000	○0000	○0000	○1000	○0101	○0000	○0000	○2000	○0000	○0000	○0000

レコード 1.31.8 エーシンフォワード 57岩田 22年11月

推定タイム 良 1.33秒台 重 1.34秒台

賞金（万円） ①1470 ②590 ③370 ④220 ⑤147

馬場状態 不 重 稍 良

【解答】

買　い

【解説】

●藤岡佑介→武豊の乗替わりは買いパターン！　前走オープンから今走1000万下へ降級。藤岡健一厩舎でさらに好成績（『㊳藤岡佑介→武豊』参照）。

●馬主「栄進堂」所有馬では、条件戦において前走2～5着の馬は買い（『65栄進堂』参照）。

【レース結果】

1着③エーシンハーバー（7番人気）

2着②エーシンミズーリ（1番人気）

3着⑤カルドブレッサ（5番人気）

単勝③1540円　複勝③430円　馬連②③1880円　馬単③②4320円

3連複②③⑤4990円　3連単③②⑤35060円

　このレースは、2011年春にフィリーズレビュー3着から桜花賞14着、橘S5着とオープンを歩んだエーシンハーバーの秋の緒戦だった。半年の休み明けで1000万下に出走し、見事勝利を飾った。ちなみに、エーシンハーバーはその後、1600万下も連勝し、オープン入りを果たした。

【チェックポイント】

藤岡祐→武豊の乗替わりは必ず買いだ！

⑲ 3歳未勝利

【ケーススタディ④　このレース、武豊は買いか？ 消しか？】

今度は、午前中に行われる下級条件のレースについて、考えてみよう。なお、この問題からはノーヒントとするので、実戦さながら、馬券検討をするつもりで、じっくりと考えていただきたい。

【問4】

3歳未勝利

2013年3回阪神3日目2R（6月8日）

武豊騎乗⑪エイヴィアンボス

単勝オッズ…4番人気、10～12倍を推移

馬場状態…良

2R 3歳未勝利（混）ダ1800 10・30

印	枠	馬番	馬名	斤量	騎手	着順		
△	1	1	エイシンガリレイ	56	和田	❼	❸	❽
…	1	2	メイショウユニオン	56	川島	❹	❼	❻
…	2	3	ドンレジェンド	56	高倉	⓰	⓬	⓯
◬	2	4	タイセイボルト	56	国分恭	❺	❼	❼
…	3	5	スリーフェニックス	56	酒井学		⑮	⑮
▲	3	6	ブルーボリウッド	54	△菱田	❿	❹	❹
…	4	7	ウェンディシチー	51	▲原敬	⓰	⓭	❽
…	4	8	テイエムユキダル	54	△中井	❾	⑱	⓬
…	5	9	Bザエリモホース	56	川須	⓮	⑪	⓮
…	5	10	ブルーグランツ	56	国分優		⑨	❽
△	6	11	エイヴィアンボス	56	武豊	④	⑫	⑩
○	6	12	ゴールデンヒーロー	56	Cウィ	❸	❷	❷
◎	7	13	ナムライットウセイ	56	幸	❸	❺	❸
…	7	14	アスカノトゥーレ	56	熊沢	❼	❾	❽
△	8	15	ジャルダンスクレ	54	福永			❽
…	8	16	ゴーイングベル	53	▲岩翼	⓬	❹	❾

⑪エイヴィアンボス
父シンボリクリスエス
馬主：桑畑隆信
生産：浜本牧場
厩舎：橋口弘次郎
前走レース：3歳未勝利（京都芝2000m）
前走着順・人気：10着・11番人気
前走騎手：小牧太

【解答】

買　い

【解説】

●橋口厩舎の管理馬は、3歳限定戦の平場（6番人気以下をのぞく）で好成績（『⑲橋口弘次郎厩舎』参照）。

●小牧太→武豊の乗替わりで、未勝利戦なら複勝率100％（『㊵小牧太→武豊』参照）。

【レース結果】

1着⑫ゴールデンヒーロー（1番人気）

2着⑪エイヴィアンボス（4番人気）

3着⑬ナムライットウセイ（2番人気）

単勝⑫240円　複勝⑪350円 馬連⑪⑫2420円　馬単⑫⑪3730円

3連複⑪⑫⑬1430円　3連単⑫⑪⑬10630円

デビュー以来3戦は、芝でいいところがなかったエイヴィアンボスがダート替わりで一変したレース。鞍上は小牧から武豊へチェンジし、初ダートで2着に好走し、めどをつけた。ちなみに、その2走後、武豊を背に10馬身の圧勝で未勝利を脱出した。

【チェックポイント】

橋口厩舎で小牧太→武豊の乗替わりは、馬券にはよく絡むが、勝ちきれないので単勝勝負は避けたい。

⑳ 3歳上500万下

【ケーススタディ⑤　このレース、武豊は買いか？ 消しか？】

さて、最後は超難問かもしれない。

これが正解できれば、あなたも玄人馬券師（?）の仲間入りだ。

【問5】

3歳上500万下

2013年2回函館3日目8R（7月13日）

武豊騎乗②ヘリオスフィア

単勝オッズ…6～7番人気、10～20倍を推移

馬場状態…良

函館 8

発走 13:40

3歳以上500万下 (指定・定量)

芝1200

色枠番	白1	黒2	赤3	青4	黄5	緑6	緑6	橙7	橙7	桃8	桃8
馬番	1	B 2	3	4	5	6	7	8	9	10	11
父	ジャングルポケット	トーセンダンス	アグネスタキオン	ファルブラヴ	サクラバクシンオー	ダイワメジャー	ゴールドアリュール	ダイワメジャー	ハーツクライ	スリリングサンデー	チーフベアハート
馬名	(地)サンライズサルーテ	ヘリオスフィア	サマーハピネス	(地)サルタヒコ	(地)ヤギリエスペランサ	トーセンエジンバラ	ダークアイリス	トランドネージュ	メイショウヒメユリ	デルマスナカケババ	(地)ウェルトレインド
母	エレガントシチー 3勝	ファキユーラ 輸入	ビッグハッピー 5勝	スプリングアマイン 2勝	サンワッシュ 輸入	ジンジャーリリー 0勝	ダークエンディング 輸入	イルネージュ 1勝	ハイパスチャー 輸入	デルマステファニー 0勝	トーワダーリン 5勝
母父	(サンデーサ) 地2100 国	(シーキングザゴールド)	(アフリート) 国	(タヤスツヨシ)	(アファームド) 地2001	(アリシーバ)	(エンドスウィープ) 国	(トニービン)	(エルグランセニョール) 国	(フサイチソニック)	(ニホンピロウ) 地2310
毛色	鹿毛	黒鹿毛	鹿毛	栗毛	栗毛	栗毛	栗毛	栗毛	青鹿毛	黒鹿毛	鹿毛
斤量性齢	57牡5	57牡4	☆54牝4	57騸4	55牝5	△52牡3	55牝4	55牝4	55牝4	52牝3	57騸4
騎手	丹内	(替)武豊	菱田	(替)柴山	(替)大野	横山和	(替)松田	勝浦	川島	(替)松山	黛
条件 賞金	500万 265	500万 200	500万 200	500万 10	500万 20	500万 400	500万 200	500万 200	500万 200	500万 400	500万 25
総賞金	1991	美浦直入 780	1040	美浦直入 27	328	美浦直入 732	577	2852	680	地元馬主 599	地元馬主 604
厩舎	河内(栗)	岩戸(北)	松元茂(栗)	畠山重(美)	谷原(北)	本間(北)	牧浦(栗)	松山康(美)	荒川(栗)	大江原(美)	柴崎(北)
静本 貴久	△	○	△				▲	◎	△		△
河内 剛	◎		▲				△	○		△	△
谷口 弘晃	△	△	▲				○	◎		△	△
志村 竜一	▲		△			△	◎	○			△
中西 徹	◎	△				△	△	○	▲		△
本紙	△	○	△				▲	◎	△		△
馬主名	松岡隆雄	岡田牧雄	セゾンRH	松田整二	内田ヤエ子	島川隆哉	中村光利	(有)サンデー	松本好雄	浅沼廣幸	岡田牧雄
生産牧場	(日)下河辺牧	(新)岡田スタ	(日)下河辺牧	(白)社台ファ	(新)(有)下河辺	(日)本間牧場	(白)社台ファ	(安)追分F	(浦)三嶋牧場	(日)ファニー	(新)村本牧場
最高時計 前3F / 1200 着 / 1400 順 / 1600	小芝33.7③ 小芝1086③ 阪ダ1249⑬ 大芝1485⑤	中芝34.3⑥ 中芝1091⑥ 東芝1225⑩ 東芝1377④	京ダ34.4❷ 阪ダ1134⑪ 京ダ1235❷ 京芝1358③	東ダ36.7⑬ 新ダ1206⑬ 阪ダ1279⑯ 大芝1496⑭	中ダ33.6⑯ 新芝1101⑤ 東ダ1306⑯ ・・・・・・	函芝34.4④ 函芝1094⑤ 函芝1235④ 東芝1352⑪	阪ダ34.3⑯ 阪芝1097⑥ 阪ダ1275⑯ 大ダ1571⑲	中芝32.9② 中芝1072② 東芝1226② 中芝1344⑪	福芝33.8② 京芝1086② 京芝1232⑬ 阪芝1353⑯	中芝34.7⑨ 中芝1100⑨ 東ダ1273⑫ 東芝1372⑪	小芝34.5② 函芝1093⑪ 函ダ1283❶ ・・・・・・
距離別勝利	0 0 0 3 0 0 0 0 3 2 0 0 0 3 3 0 3 0 9 7	0 1 0 0 0 0 0 0 0 0 0 1 0 0 0 2 10 1 5 4	0 0 0 1 1 0 0 0 1 0 0 0 1 0 0 0 0 3 3 0	0 0 0 2 0 0 0 0 0 0 0 0 0 0 0 0 4 0 3 0	0 0 0 2 0 0 0 0 1 1 0 0 0 0 0 0 0 0 12 7	0 1 0 0 0 0 0 0 0 0 0 0 0 0 0 0 5 2 2 1	0 0 0 1 0 0 0 0 0 0 0 0 1 0 0 0 3 2 8 2	0 0 1 0 0 0 0 0 3 2 0 0 3 2 2 0 0 1 8 7	0 0 0 1 0 0 0 0 2 2 0 0 0 1 1 0 3 4 6 1	0 0 0 1 0 0 0 0 0 0 0 0 0 0 0 0 0 1 7 4	0 0 0 2 0 0 0 0 5 2 0 0 0 1 0 0 0 0 14 12
兄弟馬	ハイスタージェット	ヴォイジャー	パワーストラグル	マルカフリート	アドマイヤマントル	サララ	ラヴィアンクレール	イルドロール	メイショウコウセイ	デルマジュロウジン	トーワユメジ
	2函⑤7.14 500万12 工芝1107 442Ⓜ1.2 57丹内 16ト9ﾄ1人 好位下35.8 ビエナアプロ 5ヵ月半休放牧	3中京⑥12.16 長良川500万定量13 三芝2180 474Ⓜ2.3 55宮崎北 18ト18ﾄ15人 2 2 2 35.7 先一杯38.8 サンライズト	5京⑥11.18 500万2 西ダ1235 500Ⓗ0.0 54川田 16ト12ﾄ6人 1 1 1 34.4 逃粘る37.1 パールブロッ	名古③3.6 4歳上1 西ダ1307 545Ⓢ1.1 56持原 9ト8ﾄ1人 2 2 2 38.9 二位抜38.5 スプレッドイ	4中④9.16 500万8 工ダ1130 500Ⓗ0.9 55中舘 16ト10ﾄ12人 3 2 2 34.4 先一杯38.6 デンファレ	5中①12.1 500万12 芝内2050 472Ⓢ1.4 55田辺 13ト10ﾄ13人 3 3 3 37.3 好位下36.9 トーセンヤマ	園田③12.6 A1特7 西ダ1325 497Ⓗ2.5 54松田 8ト2ﾄ7人 4 7 7 …… 発馬躓42.4 モズギャラク	3福①11.3 500万10 工芝1090 478Ⓗ0.7 54柴山 16ト15ﾄ1人 2 2 2 33.7 先行下35.3 ロンド	3福⑤11.17 500万 若手騎手7 壬ダ1102 424Ⓗ1.0 51平野 16ト6ﾄ5人 6 9 10 35.7 中位儘37.7 ワイキキブリ	3中⑥4.7 未勝利11 工ダ1159 468Ⓗ1.7 52杉原 16ト3ﾄ8人 2 1 1 35.9 逃一杯40.0 トーキングド	1小③2.16 500万12 工芝1099 456Ⓗ1.6 57高倉 18ト1ﾄ9人 18 18 17 35.0 出遅不34.9 ジルコニア
	5阪⑨12.24 500万㊗14 工ダ1127 446Ⓗ1.4 57丹内 16ト4ﾄ6人 13 14 14 36.1 発馬躓35.6 サウンドガガ	1中③1.12 500万15 天ダ1587 474Ⓜ3.7 56宮崎北 16ト15ﾄ8人 6 4 6 38.9 発馬躓41.8 アサクサボイ	5阪③12.8 500万㊗9 西ダ1261 496Ⓗ1.5 54川田 16ト3ﾄ1人 1 1 1 34.5 逃一杯39.6 ゼロワンシン	名古❷4.3 4歳上4 西ダ1307 548Ⓗ0.1 56持原 9ト4ﾄ2人 1 1 2 37.2 逃一息40.5 ドリームバイ	4新②10.14 500万13 工ダ1145 506Ⓗ1.8 55中舘 15ト9ﾄ9人 1 1 1 35.1 逃一杯39.4 マストバイア	5阪❽12.23 樅の木500万14 天ダ1564 474Ⓜ3.7 55藤田 14ト15ﾄ12人 後方儘40.4 ロードクラウ 4ヵ月休放牧	5阪⑯12.16 500万㊗15 大ダ1571 496Ⓜ6.4 54川島 15ト7ﾄ15人 後方儘40.8 フレイムオブ 4ヵ月半休放牧	3中京❻12.16 500万8 工ダ1142 480Ⓗ1.2 54中舘 15ト8ﾄ2人 三角挟39.1 キセキノハナ 3ヵ月休放牧	3中京❻12.16 500万16 大ダ1580 426Ⓜ4.4 54吉田隼 16ト1ﾄ5人 好位下43.1 タマモクララ 5ヵ月休放牧	2東❷4.21 未勝利㊗12 西ダ1273 470Ⓜ3.0 51山崎 16ト9ﾄ12人 2 2 2 35.4 先一杯39.5 スノーモンキ	1福❷4.7 500万13 工芝1121 454Ⓜ1.6 57鮫島良 16ト7ﾄ13人 13 13 16 36.0 後方儘36.1 ワイルドジョ
	1中京②1.20 500万㊗12 西ダ1278 454Ⓗ2.6 57丹内 16ト4ﾄ5人 中位下39.3 カネトシイナ 4ヵ月半休放牧	2中京④3.17 500万9 工芝1101 472Ⓜ0.6 57大野 18ト1ﾄ15人 …18 18 35.7 イン伸34.4 Bダイワカリ	1中京③1.26 500万4 西ダ1270 494Ⓗ0.8 51菱田 16ト9ﾄ1人 逃一息39.8 ローゼズガー 4ヵ月半休放牧	休中 名 消央 古 後 砂 に0 2 2 再0 0 0 芝0 0 0 録1 1 1 地方成績 3戦2勝	3福②11.4 500万14 壬ダ1113 498Ⓗ2.4 55荻野琢 16ト13ﾄ14人 6 8 11 35.1 中位下39.4 ラファダリ	2東①4.20 500万14 天ダ1412 476Ⓗ3.7 56江田照 15ト4ﾄ15人 8 8 7 36.2 中位下39.8 ジェベルムー	1新②5.5 飛竜500万定量4 千直56.7 498Ⓗ0.4 55中井 16ト7ﾄ15人 ……5 22.9 好位粘33.8 アイアムネフ	2中京④3.17 500万18 工芝1113 492Ⓜ1.8 55柴山 18ト10ﾄ5人 …3 3 34.8 引掛る36.5 ダイワカリエ	金沢②5.14 A3特10 壬ダ1378 433Ⓗ2.0 54川島 11ト6ﾄ8人 1 1 1 37.9 逃一杯41.1 アートオブキ	2東❽5.12 未勝利9 工ダ1199 470Ⓗ1.1 54松山 14ト14ﾄ10人 2 2 2 35.6 先一杯38.4 ヒアルロンサ	1新②5.5 500万14 工内1098 458Ⓗ1.0 57丸山 16ト13ﾄ16人 12 14 13 35.1 後方儘34.7 ヤマニンカヴ
	3阪①6.1 戎橋500万定量11 工内1096 458Ⓜ0.6 57川田 16ト11ﾄ11人 …5 5 34.7 好位下34.9 アグネスマチ	1福⑤4.20 伏拝500万定量12 工芝1106 472Ⓗ1.2 57大野 16ト6ﾄ10人 12 12 8 35.1 直不利35.5 Bバクシンテ	1函①6.15 500万10 壬ダ1466 508Ⓜ2.2 55松田 13ト7ﾄ4人 1 1 1 35.4 逃一杯40.0 カチューシャ	1新③5.11 500万15 大ダ1588 542Ⓜ4.8 57中谷 15ト13ﾄ13人 5 6 7 37.6 好位下42.4 ブルーフボジ	5中⑤12.15 500万㊗16 工ダ1154 502Ⓗ3.8 55津村 16ト7ﾄ15人 2 4 7 33.6 鼻出血41.8 Bショウナン	2東⑩5.19 500万㊗11 天芝1352 476Ⓢ1.7 56戸崎 16ト15ﾄ13人 3 2 2 35.6 先一杯35.4 ベステゲシュ	1新⑤5.18 500万5 千直55.6 500Ⓜ0.5 53中井 16ト8ﾄ5人 ……1 22.3 逃一杯33.3 アンゲネーム	1福⑤4.20 伏拝500万定量13 工芝1106 486Ⓗ1.2 55松岡 16ト14ﾄ6人 1 1 1 33.8 逃一杯36.8 バクシンテイ	3阪①6.1 500万㊗16 天外1353 434Ⓢ1.3 55浜中 18ト8ﾄ15人 4 3 4 36.3 折合欠35.1 ユースティテ	1函①6.15 未勝利4 千ダ59.1 466Ⓜ0.7 54松山 11ト4ﾄ8人 1 1 1 23.2 逃一息35.9 キャストロメ	1函②6.16 500万㊗11 工芝1093 462Ⓗ1.2 57宮崎北 16ト13ﾄ16人 11 11 12 34.8 後方儘34.5 ユールフェス
	1函⑥6.30 500万㊗7 工芝1095 454Ⓗ0.9 57丹内 15ト9ﾄ9人 8 7 10 34.1 中位儘35.4 カディーシャ	3東①6.1 500万10 西芝1225 470Ⓢ0.9 57吉田隼 18ト12ﾄ11人 11 11 12 36.9 中位儘33.7 Bミナレット	1函⑥6.30 500万10 千ダ1002 512Ⓗ1.1 54菱田 12ト1ﾄ3人 6 6 5 23.4 出遅不36.8 コーリンハッ	3東⑧6.23 500万13 壬ダ1206 532Ⓜ2.9 54山崎 15ト4ﾄ15人 2 4 6 36.7 ジリ下37.8 アランルース	7ヵ月 休養 仕上がり8分 鼻出血 放牧 鉄砲成績 0 0 0 3 2走目成績 0 0 0 2	1函①6.15 500万5 工芝1094 476Ⓜ0.8 51横山和 16ト5ﾄ13人 10 9 7 34.6 中位詰34.8 コスモアクセ	3阪⑤6.15 500万㊗6 工内1097 504Ⓜ0.2 53中井 16ト10ﾄ11人 …1 1 34.4 逃一杯35.3 オレニホレル	1函⑥6.30 500万㊗3 工芝1089 492Ⓗ0.3 55勝浦 15ト4ﾄ5人 3 2 2 33.7 先粘る35.2 カディーシャ	1函⑥6.30 500万8 千ダ59.7 428Ⓗ0.6 55川島 12ト6ﾄ11人 10 10 10 24.0 出遅不35.7 コーリンハッ	1函⑤6.29 未勝利1 千ダ59.8 472Ⓜ0.2 54北村宏 12ト12ﾄ2人 2 2 2 23.9 先抜出35.9 プリマチュチ	2函②7.7 500万5 工芝1098 464Ⓗ0.5 57黛 13ト10ﾄ13人 9 9 11 34.9 後方詰34.9 レッドガルシ
左芝 / 左ダート / 右ダート / 右芝 / 函館芝	0 1 2 0 0 0 0 1 2 2 0 0 0 3 1 0 1 3 8 2	1 0 0 0 0 0 0 0 0 0 1 0 0 0 0 6 1 1 10 0	0 0 1 0 0 0 0 1 0 0 0 0 0 1 0 0 1 4 1 0	0 0 2 0 0 0 0 0 0 0 0 0 0 0 0 0 2 4 1 0	0 0 2 0 0 0 0 0 1 0 0 0 0 0 0 2 4 5 1 0	0 0 0 1 0 0 0 0 0 0 0 0 0 0 0 4 1 1 3 1	0 1 0 0 0 0 0 0 0 0 0 0 1 0 0 2 2 8 1 0	0 0 0 1 0 2 0 0 1 0 2 0 0 3 1 3 1 1 4 0	0 0 1 0 0 0 0 0 2 0 0 1 0 0 0 1 2 4 6 0	0 0 1 0 0 0 0 0 0 0 0 0 0 0 0 1 3 2 2 0	0 0 2 0 0 0 0 3 2 0 0 0 1 0 0 3 0 3 8 3
→芝重 勝利	○0 0 0 0	○1 0 0 1	○0 0 0 0	○0 0 0 0	○0 0 0 0	○0 0 0 0	○0 0 0 0	○0 0 0 0	○0 0 0 1	○0 0 0 0	○0 0 0 2

レコード 1.08.0 テイエムオオタカ 54藤田 23年6月

推定タイム 良 1.08秒台 重 1.10秒台

賞金(万円)	
①	720
②	290
③	180
④	110
⑤	72

馬場状態 不 重 稍 良

【解答】

買　い

【解説】

●7～8月は武豊の好調期（『⑥季節によって分かる勝負のバイオリズム』参照）。

●函館競馬場も好成績（『⑰函館競馬場』参照）。

●吉田隼人→武豊の乗替わりで、芝の条件戦は買い（『㊽柴田善臣、吉田隼人→武豊』参照）。

【レース結果】

1着②ヘリオスフィア（7番人気）

2着⑧トランドネージュ（1番人気）

3着①サンライズサルーテ（3番人気）

単勝②2030円　複勝②430円　馬連②⑧1340円　馬単②⑧5240円

3連複①②⑧3180円　3連単②⑧①32470円

500万下で惨敗を繰り返していたヘリオスフィアが好位から抜け出し、圧倒的な1番人気トランドネージュに1馬身以上の差をつけて勝利。今までにない伸び脚は、まさに武豊の好騎乗によるものだった。データとしても好条件がそろっており、7番人気、単勝2030円はオイシイ配当だった。

【チェックポイント】

吉田隼人→武豊は回収値高い。芝の条件戦を狙え！

あとがき

およそ20年も前のこと、私が競馬と出逢い、よく競馬場やウインズへ友人と足を運んでいたとき、ダンスインザダーク、マーベラスサンデー、サイレンススズカなどの名馬の背には決まって武豊騎手がいました。ちょうど、サンデーサイレンス産駒が出始めた頃です。

1997年天皇賞（春）のマヤノトップガン、サクラローレル、マーベラスサンデーの3強対決には心が震えました。馬券はマーベラスサンデーから買って撃沈しましたが…（苦笑）。

その前年の1996年の菊花賞では、ダンスインザダークとロイヤルタッチの馬連が的中して、帰りに儲かったお金で「セガサターン」（懐かしい〜）を買った覚えがあります。

特に思い出に残るのは1997年、ランニングゲイルの弥生賞。切れる末脚のないこの馬を、早めのスパートから押し切る競馬で勝利！　武豊騎手の好騎乗が光るレースでした。

このように、競馬を始めたばかりで、何が何だかよくわからない頃から、馬券が的中しても外れても武豊騎手の存在がありました。「この騎手の買い時・消し時がわかれば……」と、当時、嘆いたものです。

そんな私が、20年後の今、武豊騎手の馬券必勝本を刊行することになるとは、自分自身が驚いています。

現在、私は競馬データに特化した『激走！　データ競馬ブログ』などのサイトの運営と、『激走！　データ競馬メルマガ』『高確！　データ競馬』といったメールマガジンを配信しています。

本書に掲載したような「騎手別」「騎手＆調教師」「騎手乗り替わ

り」のデータはもちろんのこと、「中央競馬の全重賞」「地方交流重賞」「競馬場別コース」「高確率で馬券になる馬」など様々な競馬のデータを公開していますので、是非、チェックしてみて下さいね！

最後に……。

この本は、多くの方の協力があって完成しました。

毎日、事務所に引きこもり、データ漬けとなっている私を支えてくれる家族。

そこから生まれる、データ競馬ブログやメールマガジンを読んで下さる皆様。

今回、出版の機会をあたえて下さったアールズ出版編集部の長谷部氏と関係者各位。

そして、今回、最後までこの本を読んでいただいたあなた。

全ての方に感謝をこめて………。

ありがとうございました‼

平成26年2月吉日

前川　正光

【巻末附録】

ズバリ!! 武豊の勝負サインがひと目でわかる

スピード判定チャート

競馬場	
京都	B
阪神	B
東京	C
中山	C
小倉	B
中京	C
福島	B
新潟	B
札幌	B
函館	A

厩舎	
池江	B
橋口	C
角居	D
五十嵐	A
石坂	B
小島太	C
河内	B
松永昌	B
荒川	B
長浜	B
小崎	C
橋田	B
須貝	D

種牡馬	
ディープインパクト	A
スペシャルウィーク	C
サムライハート	A
ステイゴールド	A
ゴールドアリュール	C
フジキセキ	D
キングカメハメハ	B
シンボリクリスエス	C
クロフネ	D
ジャングルポケット	C
ケイムホーム	A

A：基本的に「買い」。あくまで多少の条件は付く
B：条件しだいだが、どちらかというと、「買い」
C：条件しだいだが、どちらかというと、「消し」
D：基本的に「消し」。あくまで多少の条件は付く

前走騎手			
藤岡佑	A	吉田隼	B
藤岡康	D	中舘	B
内田	A	田中勝	D
小牧	B	太宰	B
松岡	C	横山典	C
四位	A	藤田	D
幸	A	蛯名	C
浜中	B	北村友	B
岩田	B	三浦	C
福永	D	和田	B
川田	C	武幸	C
柴田善	B	乗替なし	B

馬主	
松本好雄	B
キャロットF	A
金子真人HD	C
大川徹	C
栄進堂	A
市川義美	B
モハメド	B
社台RH	D
サンデーR	D
渡辺孝男	B
松岡隆雄	B
ノースヒルズM	B
永井啓弍	B

【著者略歴】

前川正光（まえかわ まさてる）

北海道出身。データ予想家。競馬ブログの先駆け的な存在『激走! データ競馬ブログ』を運営。中央競馬の全重賞データはもちろん、騎手・調教師・オッズ・種牡馬・コース…、さらには地方交流重賞競走、南関東競馬など、地方競馬まで濃いデータを幅広く配信中! 運営サイト・ブログの月間アクセス数は100万以上にも及び、メールマガジンでは2万人以上の読者を獲得している。競馬雑誌の『競馬最強の法則』や『UMAJIN』などに掲載され、『激走! データ競馬メルマガ』は、まぐまぐ殿堂入り、オススメ無料メールマガジンとして紹介されている。

◎激走! データ競馬ブログ

　http://gekisokeiba.livedoor.biz/　※「データ競馬」で検索!

この他、以下のサイトやメールマガジン、会員コンテンツでも予想に役立つ様々な競馬データを配信中!

【運営サイト】

◎激走! データ競馬+（plus）　http://keiba.joywork.jp/
◎高確! データ競馬　http://koukaku.joywork.jp/
◎高確! データ競馬（地方Ver）　http://horserace.joywork.jp/

【発行メールマガジン】

◎激走! データ競馬メルマガ　http://www.mag2.com/m/0000154729.html
◎高確! データ競馬　http://www.mag2.com/m/M0076130.html
◎高確! データ競馬（地方競馬Ver）　http://horserace.joywork.jp/?eid=6
◎無料版「今日の消去馬&推奨馬」
　http://gekisokeiba.livedoor.biz/archives/51360862.html

【有料会員コンテンツ】

◎高確馬データ配信　http://katy.jp/yosyu05/index.html
◎データランク新聞R　http://katy.jp/yosyu05/datarankr.html

おいしい馬券がいっぱい！

武豊の取扱説明書

2014年4月2日　初版第1刷発行

著　者　前川正光

発行者　森　弘毅

発行所　株式会社 アールズ出版
東京都文京区本郷1-33-6　ヘミニスⅡビル　〒113-0033
TEL 03-5805-1781　　FAX 03-5805-1780
http://www.rs-shuppan.co.jp

印刷·製本　中央精版印刷株式会社

ISBN978-4-86204-262-0 C0076